꿰뚫는
추론

꿰뚫는 추론
말의 너머를 읽는 힘

초판 1쇄 발행 2025년 10월 18일

지은이 | 이인화·김정은·박의용·양수연

펴낸이 | 김연우
펴낸곳 | (주)태학사
등　록 | 제406-2020-000008호
주　소 | 경기도 파주시 광인사길 217
전　화 | 031-955-7580
전　송 | 031-955-0910
전자우편 | thspub@daum.net
홈페이지 | www.thaehaksa.com

편　집 | 조윤형 여미숙 김태훈
마케팅 | 김민선
경영지원 | 김영지

ⓒ 이인화·김정은·박의용·양수연, 2025. Printed in Korea.

이 책에 직간접적으로 게재를 허락해 주신 모든 분께 감사드립니다.
저작권자와 연락이 닿지 않아 부득이 허가를 구하지 못한 일부 자료에 대해서는
연락 주시는 대로 적법한 절차를 따르겠습니다.

값 11,000원

ISBN 979-11-6810-382-5 (04710)
　　　979-11-6810-387-0 (세트)

책임편집 | 조윤형
디자인 | 지소영

KOMCA 승인필

'개념' 있는 국어 생활 2

꿰뚫는
추론

**말의 너머를
읽는 힘**

이인화 · 김정은 · 박의용 · 양수연 지음

태학사

'개념 있는 국어 생활' 기획의 말

    학회의 성장은 학문의 성장을 동반하게 마련입니다. 최초·최고·최대의 학술 단체인 한국어교육학회가 창립 70주년을 맞는 이 시점에서, 우리는 그 성장의 결실을 가시적으로 확인할 필요가 있다는 데 뜻을 같이했습니다. 이에 국어 교육 학계를 이끌어 갈 차세대 국어 교육학자들과 국어 교육의 현장을 선도하는 교사들을 중심으로 학문적 성과를 결산해 보기로 했습니다. 다만 빛나는 연구 성과를 정리하는 수준이 아니라 '그 성과가 교실에서 이용利用될 수 있도록 해야 한다', 그리고 '교실 안에만 머물러 있는 것이 아니라 교문 밖 모든 삶의 현장에서 언어 사용자인 시민들의 후생厚生에도 기여해야 마땅하다'고 생각했습니다.

    그리하여 학회에서는 국어과 교육 과정사에서 가장 중요한 항존恒存 개념 20개를 선별했고, 젊은 연구자와 교사들에게

임무를 부여하여 손에 쏙 들어오는 20권의 책을 학회 창립 70주년이 되는 올해부터 출간하기 시작하여 내년까지 완간하기로 했습니다. 필진이 젊다는 것은 시각이 신선하다는 뜻으로, 책의 분량이 적다는 것은 정보의 응집도가 높다는 뜻으로 이해해 주기를 바랍니다.

한국어교육학회의 위상에 걸맞게 빛나는 결실을 맺어 주신 필자 여러분은 국어 교육학계의 믿음직한 미래임을 증명해 주셨습니다. 이 시리즈가 원활히 출간되도록 필자와 출판사 사이의 중간 다리 역할을 맡아 노심초사 알뜰히 챙겨 준 양수연 박사님의 노고도 잊을 수 없습니다. 이 시리즈의 간행을 흔쾌히 맡아 주신 태학사 김연우 대표님, 심혈을 기울여 책을 만들어 주신 조윤형 주간님에게도 감사의 마음을 전합니다.

부디 이 책들이 예비 교사들에게는 개념들의 윤곽을 보여 주고, 현장 교사들에게는 교수 학습과 평가의 설계에 영감을 주며, 일반 시민들에게는 품격 있는 언어 생활의 지침서가 되기를 바랍니다.

한국어교육학회 창립 70주년 기념
'개념 있는 국어 생활' 간행위원회 위원장 주세형
한국어교육학회 제38대 회장 류수열

머리말

국어 교육은 시대의 변화 속에서도 꾸준히 유지되고 발전하며 학문적 성과를 축적해 왔다. 국어 교육의 이론과 실천은 교실이나 연구실에만 머무는 것이 아니라 모든 사람의 삶과 언어에 긴밀히 연결되어 있으며, 또 그렇게 연결되어야 한다. 국어 교육 연구의 성과를 더 많은 이들과 나누기 위해 기획된 '개념 있는 국어 생활' 시리즈 중 하나인 『꿰뚫는 추론: 말의 너머를 읽는 힘』은 추론이라는 개념을 삶 속에서 새롭게 되새기고 활용할 수 있도록 돕고자 하는 바람에서 출발했다.

추론이라고 하면 흔히 어렵고 복잡한 개념, 전문가만 할 수 있는 고난도의 활동처럼 여겨지곤 한다. 그러나 추론은 특별한 훈련을 받은 사람들만의 전유물이 아니라, 우리가 무엇을 읽고 듣고 말하고 쓰는가에 따라 누구나 일상에서 끊임없이 경험하는 사고 과정이다. 듣기와 말하기, 읽기와 쓰기의 모든 과정에서 추론은 가장 기본적이고 중요한 토대가 되며, 그 의미를 이해하고 활용하는 방법을 알게 될 때 우리의 언어생활은 한층 더 깊고 풍요로워질 수 있다.

이 책은 추론을 삶의 현장에서 이루어지는 소통과 연결되는 개념으로 확장해 살펴보고자 했다. 친구와 대화할 때, 뉴스를 읽을 때, 사회적 쟁점을 논의할 때, 법정에서 증거를 다루거나 과학적 가설을 검증할 때, 예술과 시를 해석할 때 우리가 어떠한 추론을 하고 있는지 확인하고 의미를 정리했다. 이 책은 이러한 추론을 오늘의 언어 현상과 연결하여, 독자들로 하여금 추론이 결코 추상적인 개념이 아니라 지금 우리의 삶과 밀접하게 맞닿아 있음을 확인하도록 안내한다.

이 책은 세 부분으로 구성되어 있다. 1장에서는 일상에서 벌어지는 오해와 갈등의 사례를 출발점으로 삼아, 맥락을 이해하고 추론하는 힘이 왜 중요한지를 살펴본다. 2장에서는 추론의 개념을 더 깊이 탐구하여, 그것이 단순히 논리적 사고에 머무르지 않고 해석이나 상상과 어떤 공통점을 지니며 어떻게 구분되는지를 밝힌다. 이를 통해 추론의 범위를 넓게 정의하면서도 그 고유한 성격을 드러내고자 한다. 3장에서는 대화, 글 읽기, 사회적 담론, 시와 예술, 법과 과학 등 다양한 영역에서 추론이 어떻게 구체적으로 실현되는지를 보여 주며,

효과적인 추론을 위한 방법과 태도를 제시한다. 이를 통해 독자는 추론이 단순한 사고 기술이 아니라 삶의 다양한 장면에서 문제를 해결하고 의미를 교환할 때 유연하게 발휘되는 실질적 능력임을 이해할 수 있을 것이다.

이 책은 추론을 머리로만 다루는 지적 개념으로 보지 않고, 삶 속에서 살아 움직이는 힘으로 바라본다. 추론이 오해와 갈등을 줄이고, 대화의 깊이를 더하며, 사회적 문제에 참여할 수 있게 하는 삶의 힘임을 보여 주고자 했다. 이 책이 독자 여러분의 삶 속에서 추론의 힘을 발견하고 길러 가는 데 작은 길잡이가 되기를 바란다.

2025년 10월

저자 일동

차례

'개념 있는 국어 생활' 기획의 말 • 주세형 · 류수열 4
머리말 6

Class 1. 왜 우리는 소통에 어려움을 겪을까? 13

Class 2. 추론의 의미는 어디까지 확장되거나 좁혀질 수 있을까? 27

추론과 추리는 같은 것일까, 다른 것일까? 29
추론과 상상은 어떤 차이가 있는 걸까? 32
추론이란 무엇일까? 36

Class 3. 효과적인 추론, 어떻게 해야 할까? 41

대화 속 의도, 어떻게 하면 잘 파악할 수 있을까? 42
- 대화할 때 상대방이 생뚱맞은 이야기를 하는 것 같다면? 43
- '눈치 있는' 대화를 하기 위해 어떤 노력을 해야 할까? 50

글 속의 표현들이 추론의 실마리가 될 수 있을까? 59
- 효과적인 추론을 위해서는 '왜' 언어적 단서가 필요한 걸까? 60
- 추론에 필요한 언어적 단서들에는 무엇이 있을까? 63

이럴 땐 이런 추론
분야에 따라 추론은 어떤 모습으로 나타날까? 79
- 시와 추론 – 사실만으로 시를 쓸 수 있을까? 80
- 법과 추론 – 수사관과 판사가 실체적 진실에 도달하는 방법은? 90

정치와 경제의 추론 - 잘하면 안심, 못하면 근심 99
과학의 추론 - 과학의 연구 방법론이 추론 일반에 시사하는 점은? 110
개인과 사회에 기여하는 좋은 추론 114

주註 119
참고 문헌 124

Class 1.

왜 우리는 소통에 어려움을 겪을까?

현대 사회는 전문화, 고도화, 파편화되어 가고 있다. 직업과 역할이 점점 더 세분화되고 각 분야에서의 기술과 지식이 심화되면서, 개인은 특정 분야에서 높은 전문성을 요구받는다. 이는 효율성과 생산성을 높이지만, 한편으로는 인간관계와 소통이 단절되는 부작용을 가져온다. 사람들은 자신만의 좁은 전문 분야에 갇혀 일상적인 인간적 교류가 줄어들면서 고립감을 느끼게 되는 것이다.

그러나 이러한 고립감 속에서도 다른 사람과 연결되고 소통하고자 하는 사람들의 욕구는 커져 간다. 소셜 미디어와 온라인 커뮤니티의 발달은 이러한 욕구를 반영한 결과로, 사람들은 가상 공간을 통해 자신의 관심사와 고민을 공유하며 새로운 형태의 인간관계를 형성해 나가고 있다. 비록 물리적으로는 떨어져 있더라도, 디지털 기술을 통해 사회적 유대감을 느끼고자 하는 본능은 여전히 강하게 작용하고 있는 것이다.

사실 소통에 대한 욕구는 인류의 역사와 함께해 온 본능적인 것이며, 사회적 존재로서 인간은 항상 다른 사람들과의 교류를 통해 정체성을 형성하고 안정감을 느껴 왔다. 그러나 최근의 언어 환경 변화, 특히 매체의 발달과 소통의 간접화, 익명화 등의 변화와 맞물려 소통에 대한 욕구는 형태와 강도가 변화하고 강화되었다.

현대의 매체 발달은 소통의 방식을 크게 변화시켰다. 인터넷과 소셜 미디어의 등장으로 정보의 전달과 교류가 즉각적이고 글로벌하게 이루어지게 되었으며, 이는 사람들 간의 소통을 더욱 활발하게 만들었다. 하지만 이러한 소통은 종종 간접적으로 이루어지기 때문에, 물리적 접촉과 대면 소통의 부족으로 인해 정서적 고립감은 더욱 커질 수 있다. 이러한 환경 속에서 사람들은 더 강하게 소통의 욕구를 느끼고, 이를 채우기 위해 다양한 디지털 플랫폼을 적극적으로 활용하게 된다.

또한, 익명성의 증가도 소통의 방식과 욕구에 변화를 가져왔다. 온라인 환경에서의 익명성은 사람들이 보다 자유롭게 자신의 생각과 감정을 표현할 수 있게 하지만, 동시에 책임감이 결여된 소통을 초래하기도 한다. 이로 인해 더 많은 사람들과 연결되고 소통하고자 하는 사람들의 욕구는 강화되었으며, 동시에 진정한 연결과 이해를 원하는 갈망도 커지게 되었다. 결과적으로, 현대 사회에서 소통에 대한 욕구는 기술의 발달과 언어 환경의 변화와 맞물려 더욱 다양하고 강렬하게 나타나고 있다.

이러한 변화된 상황 속에서 사람들은 저마다의 갈망과 욕구에 부응하는 소통의 방법, 기회, 원리를 학습할 기회마저도 잃어 가고 있다. 디지털 매체와 소셜 미디어의 발달은 사람들에게 소통의 새로운 채널을 열어 주었지만, 이는 단편적이고 피상적인 소통에 그치기 일쑤이다. 이러한 환경에서는 깊이 있는 대화나 감정적인 교류보다는 짧고 간결한 메시지가 주를 이루게 되어, 진정한 의미에서의 소통 능력을 기를 기회가 충분히 확보되기 어렵다.

또한, 익명성과 비대면 소통의 증가로 인해 직접 상대방과 마주하여 감정과 생각을 교환하는 경험도 점점 부족해지고 있다. 이는 공감 능력과 대인 관계 기술을 발전시키는 데 필요한 실제적이고 감정적인 상호 작용을 제한한다. 과거에는 대면하여 자연스럽게 익히던 소통의 원리와 방법들을 오늘날의 간접적이고 익명화된 소통 환경에서는 체득하기가 어려워졌다.

최근에 두드러지는 소통의 문제 중 하나는 의사 전달과 이해에서 어려움을 겪는다는 점이다. 이는 특히 디지털 커뮤니케이션의 확산과 익명성의 증가로 더욱 두드러지게 나타난다. 오늘날 다양한 업무 환경만 떠올려 보더라도 이메일, 메신저, 화상 회의 등 비대면 소통 수단을 사용하는 경우가 전에 비해 늘어났다. 이러한 소통 방식들은 시간과 장소의 제약 없이 신속하게 의사소통할 수 있다는 이점이 있으나, 동시에 의사 전달 과정에서 오해나 오류를 일으킬 수 있다. 예를 들어, 이메일이나 메신저에서의 간결한 문장은 의도하지 않은 공격적이거나 무례한 톤으로 해석될 수 있다. 비대면 소통에서는 몸짓, 표정, 억양 등 비언어적 단서가 부족하기 때문에 메시지의 맥락을 정확히 이해하기 어려울 수 있다.

소셜 미디어에서의 소통도 크게 다르지 않다. 사용자는 주로 짧은 글이나 댓글을 통해 생각을 나누는데, 이런 방식은 깊이 있는 대화를 이어 가기보다는 간단한 의견만 주고받는 데 그칠 때가 많다. 또 메시지가 본래의 의도와 다르게 해석될 수 있어 오해와 갈등으로 이어지기도 하며, 실제로 많은 사람들이 예상치 못한 논쟁에 휘말리는 경험을 하곤 한다.

편리함만을 강조하는 소통 방식은 오히려 의사를 정확히 전달하고 이해하는 데 새로운 어려움을 낳는다. 의사 표현이 불분명하거나 맥락 이해가 부족할 경우 오해와 갈등이 쉽게 빚어지며, 이는 오늘날 사회에서 두드러진 소통의 문제로 지적되고 있다.

소통의 어려움이 커지는 현실에서 **문해력**★은 중요한 화두로 떠오르고 있다. 문해력은 단순히 읽고 쓰는 능력을 넘어, 텍스트의 의미를 바르게 이해하고 비판적으로 해석하며, 이를 토대로 효과적으로 소통하는 힘을 뜻한다.[1] 디지털 시대에는 정보가 폭발적으로 증가하고 매체의 형태가 다양해지면서 문해력의 가치는 더욱 높아지고 있다. 실제로 글이나 말을 통한 소통이 원활하지 않은 경우, 그 원인은 종종 문해력의 부족에서 찾을 수 있다. 문해력이 뛰어난 사람은 자신의 생각을 명확하고 일관되게 표현할 수 있을 뿐 아니라 타인의 메

★ 문해력(literacy)
문해력은 글자를 읽고 쓸 줄 아는 능력을 넘어, 글과 말을 통해 세상을 이해하고 표현하는 힘을 말한다. 책이나 신문을 소리 내어 유창하게 읽을 수 있음을 넘어서, 그 속에 담긴 내용을 파악하고 다른 사람과 생각을 나누며 새로운 지식이나 감정을 만들어 내는 능력까지 포함한다. 오늘날에는 종이책뿐 아니라 인터넷 기사, 영상, 이미지 등을 이해하는 능력도 문해력에 포함된다.

시지를 정확히 이해하고 공감할 수 있다. 따라서 문해력은 사회적·개인적 관계 모두에서 원활한 소통을 이루는 데 중요한 바탕이 된다.

최근 한국에서는 MZ세대들의 어휘력 부족이 사회적 문제로 주목받고, 그러한 문해력 차이가 사회 구성원 간 소통을 단절시킨다는 문제의식이 널리 퍼져 있다.

[와글와글] "3일 연휴인데 왜 사흘?" 또 문해력 논란

'부처님오신날·성탄절' 대체공휴일 확정…5월 27~29일 사흘 연휴

> 사흘이 아니고 삼일 아니냐?? 5/27-29면 27.28.29 - 내가 잘못 계산한건가;;
> 답글 23　　　　　　　　　　　　👍 3　👎 62

이번 주 어린이날과 오는 '부처님 오신 날' 모두 사흘간의 연휴로 즐길 수 있게 됐죠. 그런데 이 '사흘'이라는 단어가 언론에 자주 보도되면서 또다시 문해력 논란이 불거졌습니다. 대체 공휴일 지정 소식 이후 여러 온라인 게시판에 '반복되는 사흘 대참사'라는 제목의 사진이 공유됐습니다. 사진을 보면, 대체 공휴일 지정 기사와 한 누리

꾼의 댓글이 담겼는데요. 이 누리꾼은 "사흘이 아니고 삼일 아니냐"면서 "5월 27일에서 29일까지면 27일, 28일, 29일", "내가 잘못 계산한 건가"라고 썼습니다. "3일인데 왜 사흘이라고 썼냐", "사흘은 4일을 뜻하는 거 아니냐"는 취지로 보이는데요. 일부 누리꾼들은 "어이가 없다"며 "일부러 웃기려고 그러는 거 아니냐"는 댓글을 달기도 했습니다. 지난 2020년에도 광복절을 낀 사흘의 연휴가 생기자, 일부 누리꾼이 사흘을 4일로 오해하는 해프닝이 있었죠. 최근엔 '심심한 사과'라는 표현을 잘 이해 못 하는 누리꾼들이 있어서 문해력 논란이 일기도 했습니다.[2]

'사흘'이라는 단어를 둘러싼 이른바 '사흘 논쟁'은 한때 온라인과 오프라인 세계에서 꽤나 화제가 되었다. 하루·이틀·사흘·나흘이 각각 1일·2일·3일·4일에 대응된다는 사실을 정확히 알지 못하는 사람들이 많다는 사실이 알려지면서 일부는 "사흘의 뜻도 모르다니 개탄스럽다."며 언어 능력 저하를 우려했지만, 다른 한편에서는 "잘 쓰이지 않는 단어라 모를 수도 있다."는 입장이 맞서게 되었다. 이렇게 서로 다른 시각이 맞부딪히자 사람들의 관심은 더욱 커졌고, 단순한 해프닝을 넘어 사회적 화제로까지 떠올랐던 것이다.

'사흘'을 '4일'로 잘못 이해한 것은 단어의 의미를 알지 못했기 때문일 수도 있지만, 동시에 주어진 맥락 속에서 뜻을 짐작하거나 단어의 정확한 의미를 확인하려는 노력이 부족했기 때문이라고도 볼 수 있다. 기사 제목에는 분명 "5월 27~29일 사흘 연휴"라고 제시되어 있었음에도, 일부 독자들은 자신의 익숙한 어감만을 근거로 잘못 이해하게 된 것이다.

간단한 단어의 의미를 몰라 생긴 해프닝으로 치부할 수도 있었던 일이지만, 여러 언론과 온라인 커뮤니티에서 한동안 회자된 것은 주목할 만하다. 이는 우리 사회가 인식하는 어휘력과 문해력, 더 나아가 언어를 대하는 태도와 습관을 고스란히 드러내는 흥미로운 사례이기 때문이다.

이 사건의 본질은 무엇일까? 요즘 사람들은 '사흘'의 의미조차 모를 만큼 어휘력이 형편없다? '사흘'을 모를 때까지 공교육(국어교육)은 무엇을 했나? 지상파 방송이나 신문 기사 등에서 노골화하지는 않았지만, 사실 이 두 가지를 모두 문제 삼은 것이 사실이다.

이러한 사회적 분위기는 현대 국어 사용자들의 문해력 저하를 지적하는 흐름으로 이어진다. 보다 구체적으로는, **어휘력**★이 부족한 사람들이 넘쳐나고 어휘력의 부족은 글을 읽고 쓰거나 대화하는 데 장애로 작용할 수 있으므로, 어휘력

교육을 강화하여 현재의 문제를 해결하자는 식으로 논의의 흐름이 단순화된 측면이 있다.

'사흘 논란'이 벌어진 원인을 흔히 문해력, 좁게는 어휘력의 문제로 돌리지만, 본질은 '맥락 속에서' 단어의 의미를 파악하지 못한 것이다. 일상에서 우리가 잘 알지 못하는 단어를 마주치는 일은 의외로 흔하다. 이를테면 연세가 많은 분들과 이야기를 나눌 때나, 지역 방언을 쓰는 사람과 대화할 때가 그렇다. 풍부한 어휘력을 지니는 것은 중요하다. 그러나 우리가 모든 세대와 지역의 어휘를 두루 아는 것은 불가능에 가깝다. 그렇기에 기본적인 어휘력과 언어를 대하는 태도를 바탕으로, 낯선 단어가 쓰인 맥락과 상황을 세심하게 살피며 그 의미를 유추하거나 확인하려는 노력이 필요하다. 이런 경험을 거듭하다 보면, 처음 보는 단어라도 무리 없이 이해할 수 있는 능력이 길러진다. 이러한 관점에 서면, 문해력의 핵심은 '어떤 세대에게는 익숙하지만 어떤 세대에게는 너무나 낯선 단어들을 아는 것'이 아니라 '소통의 목적과 맥락을 파악하고

> ★ **어휘력**
>
> 어휘력은 단어를 이해하고 적절히 활용하는 능력이다. 어휘력이 풍부할수록 말이나 글의 의미와 의도를 보다 정밀하게 파악하고 표현할 수 있다. 나아가 새로운 개념이나 지식을 학습할 때에도 단어의 의미를 신속히 이해하고 기존 지식과 연결할 수 있어 전반적인 학습 능력 향상에도 중요한 역할을 한다. 이러한 이유로 어휘력은 문해력의 핵심 요소로 꼽힌다.

그 안에서 적절한 언어적 자원들을 활용하는 능력'에 가깝다.

그럼에도 불구하고 현재의 문해력 교육은 여전히 읽고 쓰기의 기초 기능에 머무르는 경우가 많다. 문해력 관련 홍보 자료나 카드 뉴스를 살펴보면 대체로 글을 유창하게 읽고 내용을 이해하는 능력에 초점을 맞추고 있다.[3] 이는 이른바 **사실적 이해**와 밀접하게 연결된 것으로, 문해력의 범위를 다소 협소하게 규정한 사례라 할 수 있다.

이 같은 양상을 고려해 보면, 역설적이게도 문해력이 강조되는 지금 오히려 문해력을 제대로 갖추기가 더 어려워진 측면이 있다. 그 원인은 문해력의 범위를 '어휘력'이나 글이나 담화의 '사실적 이해' 수준으로 지나치게 좁게 설정해 온 데 있는 것은 아닐까?

원활한 대화, 읽기와 쓰기가 가능하려면 어휘의 의미를 많이 아는 것에서 나아가 그러한 어휘가 사용된 **맥락**, 그러한 어휘를 사용한 의도 등을 포괄적으로 파악하는 것이 필수적이다. 소통에서 사용되는 언어의 의미, 의도를 파악하는 것은 어휘의 사전적 의미를 많이 알고 있는 것이나, 문장에 대한 사실적 이해만으로는 부족하다. 현실의 언어생활에서는 명시적 의미에 대한 이해는 기본이고, 감추어진 의미를 간파해 내거나 명시된 내용을 전제로 삼아 확장적 사고를 해 나가는 일이 훨씬 중요하다.

그렇다면 원활한 의사소통의 핵심은 어디에 있을까? 어떤 경우에는 어휘를 많이 알고, 글자를 막힘없이 읽어 내며, 문장을 사실적으로 이해하는 것을 문해력의 전부로 생각하기도 한다. 물론 이런 기초는 반드시 필요하다. 하지만 실제 대화나 글 읽기에서 중요한 것은 그 이상의 능력이다. 상대방이 굳이 말하지 않아도 맥락과 상황을 근거로 뜻을 짐작하고, 문장에 드러난 의미 뒤에 숨어 있는 **의도**와 **함의**를 읽어 내는 능력이야말로 의사소통을 가능하게 하는 힘이다. 다시 말해, 소통의 본질은 단순한 이해가 아니라 '추론'에 있다.

우리는 일상에서 끊임없이 추론을 하며 살아간다. 친구의 짧은 문자 속 말투에서 기분을 짐작하고, 회의 자리에서 동료가 말을 아낄 때 그 침묵의 의미를 헤아린다. 소설을 읽을 때조차 글자 그대로의 사건만 따라가는 것이 아니라, 인물의 행동 뒤에 숨은 심리와 사회적 맥락을 읽어 내며 이야기를 이해한다. 이것이 바로 문해력의 확장된 의미이자, 소통의 핵심이다. 어휘와 사실적 이해는 출발점일 뿐, 진정한 소통 능력은 그 위에 세워지는 추론의 힘에서 비롯된다.

Class 2.

추론의 의미는 어디까지 확장되거나 좁혀질 수 있을까?

推론과 추리는 같은 것일까, 다른 것일까?

　추론이란 무엇일까? 추론이란 어떠한 판단을 근거로 삼아 다른 판단을 이끌어 내는 일을 가리킨다. 다시 말해, 추론의 핵심은 드러난 것을 통해 드러나지 않은 것을 알아내는 데 있다. 이 같은 의미를 중심으로 생각해 보면 추론과 비슷한 개념역 안에 추리, 상상 같은 개념어들이 함께 떠오른다. 추론은 추리와 같은 것일까, 다른 것일까? 추론은 상상과 어떤 차이가 있는 것일까?

　'추론'과 '추리'를 국어사전에서 찾아보면 유사한 의미를 지닌 단어로 표시하고 있다. 철학이나 논리학에서도 추리와 추론을 상호 대체어로 사용하거나 유사한 의미로 사용하는 경우가 많지만, 대체로 추리가 논리학이나 수학 등 논리적 엄밀성을 강조하는 상황에서 사용되는 반면, 추론은 과학적 연구, 다양한 학문 분야뿐 아니라 일상생활에서도 널리 사용된다. 그러나 일상적인 언어생활에서 추리가 더 익숙하게 느껴지는 순간도 있다. 바로 소설이나 영화 등 다양한 추리물을 접할 때이다.

1934년에 발표된 애거사 크리스티Agatha Christie의 대표작 『오리엔트 특급 살인』은 추리 소설의 고전이다. 명탐정 에르퀼 푸아로가 주인공으로 등장하며 오리엔트 특급 열차에서 발생한 살인 사건의 범인을 찾아 가는 이야기이다.

에르퀼 푸아로는 오리엔트 특급 열차를 타고 이스탄불에서 칼레로 향하는 길에 오른다. 여행 도중 열차는 눈 속에 갇히게 되고, 이때 승객 중 한 명인 라쳇이라는 미국인이 살해당한다. 라쳇은 여러 번 칼에 찔린 채로 발견되며, 그의 객실은 안에서 잠겨 있었다. 라쳇의 죽음이 단순한 강도 살인이 아니라는 것을 직감한 푸아로는 열차 내의 승객들을 조사하기 시작한다. 승객들은 저마다의 알리바이를 주장하지만, 조사 과정에서 그들의 증언에 모순점이 나타난다. 푸아로는 다양한 단서를 종합하여 승객들 사이의 숨겨진 연결 고리를 찾아내고, 마침내 놀라운 결론에 도달하게 된다.

추리 소설은 복잡한 플롯과 정교한 사건 해결 과정을 통해 독자의 흥미를 끌어내는 장르 문학이다. 범죄, 미스터리 탐정 이야기 등을 중심으로 발전해 왔다. 『오리엔트 특급 살인』역시 추리 소설의 전형적인 특성을 가지고 있다. 기차라는 제한된 공간에서 벌어지는 이야기이지만 여러 인물이 등장하고 인물 간 관계가 복잡하게 교차한다. 범인을 찾아 가는 과정에서 복선과 반전이 연속되기에 독자들은 드러나는 다양한 단서들을 하나하나 따라가며 숨겨진 범인을 찾기 위해 적극적인 독서를 하게 된다.

이렇게 보면 추리 소설을 비롯한 드라마, 영화 등의 추리물은 독자의 능동적인 추론을 요청하는 텍스트이다. 작가가 의도적으로 배치하고 노출한 단서들을 중심으로 감추어진 정보를 찾는 일, 즉 추론이 추리 소설 읽기의 즐거움을 유발하는 주요 기제 중 하나인 것이다. 요컨대 장르물로서 추리 소설이나 범죄물 등은 '범인을 찾는 일'을 추론의 목표로 삼아, 일정한 유형의 추론을 계속해서 반복하는 특징이 있다.

추론과 상상은 어떤 차이가 있는 걸까?

드러나지 않은 대상을 추구한다는 점에서 추론과 상상은 유사하다. 우리는 존재하는 것을 생각할 때 상상한다고 말하지는 않는다. "외부 자극에 의하지 않고 기억된 생각이나 새로운 심상을 떠올리는 일"이라는 국어사전의 정의에서 파악할 수 있는 것처럼, 상상은 새로운 것을 떠올리는 행위를 가리킨다.

영국의 시인이자 비평가인 코울리지 S. T. Coleridge는 상상력을 '이성을 감각적인 심상과 합체시키는 능력'이라고 보면서 과거의 단순한 기억이나 공상과는 구별되는 영역이라고 설명했다. 프로이트 S. Freud는 내면에 억압된 욕망이나 충동이

꿈이나 공상으로 변형되어 드러난 것이 상상력이며, 이는 예술과 창작의 원천이 되는 정신 작용이라고 보았다. 또한 칸트 I. Kant에 의하면 상상은 새로운 가치를 창조하는 능력일 뿐만 아니라 인식에서도 필수 불가결한 요소이다.[1] 앞서 연구한 학자들의 견해를 살펴보더라도 상상이라는 것은 새롭게 무언가를 만들어 내는 생성력을 강조하는 개념으로 볼 수 있다.

추리가 강조된 장르가 추리 소설이나 범죄물 영화라면, 상상이 강조된 장르로는 **환상 소설** fantasy fiction을 들 수 있다. 환상 소설이란 현실과는 다른 초자연적이거나 마법적인 요소가 포함된 이야기를 다루는 문학 장르로, 과학 이론이나 논리가 강조되는 과학 소설 science fiction과는 구분된다. 이 장르는 독자들에게 현실에서 경험할 수 없는 새로운 세계와 모험을 제공하며, 상상력을 자극하는 데 큰 역할을 한다.

루이스 캐럴 Lewis Carroll의 『이상한 나라의 앨리스』는 독특한 세계관을 통해 독자들에게 경이롭고 환상적인 경험을 선사하는 작품이다. 이야기는 앨리스가 토끼굴을 따라 들어가는 장면에서 시작되며, 그녀가 마주하는 기묘한 세계와 마법 같은 사건들이 서사의 중심을 이룬다. 무엇보다 이 작품은 다양한 환상적 요소로 가득하다. 앨리스가 토끼굴에 떨어진 뒤 처음 겪는 사건은 자신의 크기가 변하는 일이다. 케이크를 먹으면 커지고, 음료를 마시면 작아지는 것은 현실에서는 일어날 수 없는 일이지만, 이러한 비현실적인 설정은 독자에게 강렬한 환상성을 불어넣는다. 또 앨리스는 이상한 나라에서 여러 '말하는 동물'들을 만난다. 시계를 보며 허둥대는 토끼, 사라졌다 나타나는 체셔 고양이, 끝없이 차 마시기 파티를 벌이는 모자 장수와 3월 토끼 등이 그것이다. 현실에서는 존재할 수 없는 생물들과 그들의 기묘한 행동은 작품 속 신비로운 분위기를 한층 강화한다.

이처럼 『이상한 나라의 앨리스』는 마법 같은 장치와 독특한 세계관으로 독자들에게 신비롭고도 특별한 체험을 안겨 주는 작품이다. 크기가 변하는 마법, 기묘한 생물들, 논리가 뒤집힌 대화와 행동 등은 모두 이 작품을 특별하게 만드는 요소들이다. 이러한 독창적인 설정들로 인해서 이 작품은 환상 소설의 진수를 보여 주면서 오늘날까지 많은 독자들에게 사랑받고 있는 것이다.

물론 환상 소설처럼 작가와 독자의 상상력이 핵심이 되는 장르에서도 텍스트의 내적 정합성은 여전히 중요하다. 독자들은 작품 속 세계가 지닌 고유한 논리를 따라가며 추론하게 된다. 다만 상상은 드러난 단서를 바탕으로 감춰진 의미를 찾아내는 활동이라기보다, 현실에 존재하지 않는 세계를 떠올리는 데 초점을 둔다. 따라서 드러난 세계와의 연계성을 강조하기보다는, 상상으로 빚어진 세계가 지니는 고유한 **내적 정합성**을 유지하려는 성격이 강하다.

추론이란 무엇일까?

앞서 말한 바와 같이 추론은 어떠한 판단을 근거로 삼아 다른 판단을 이끌어 내는 일을 가리키며, 과학적 연구, 의학적 진단, 법적 판단 등 다양한 분야에서 핵심적인 역할을 한다. 추론은 연역적 추론, 귀납적 추론, 유추적 추론 등 여러 형태로 나뉘며, 각각의 방식은 상황과 목적에 따라 다르게 사용된다. 흔히 **연역적** 추론은 일반적인 원리에서 특정한 결론을 도출하는 방식이며, **귀납적** 추론은 구체적인 사례에서 일반적인 결론을 도출하는 과정으로 간주된다. **유추적** 추론은 유사한 상황이나 대상 간의 유사성을 바탕으로 결론을 도출한다.

어떠한 종류의 추론이더라도, 추론은 인간의 사고와 문

제 해결 능력을 강화하는 중요한 도구라는 점에서는 동일하다. 이는 새로운 정보나 데이터에 대한 이해를 돕고, 미래를 예측하며, 복잡한 문제를 체계적으로 해결하는 데 필수적이다. 때문에 세상에 존재하는 다양한 전문 분야에서는 추론을 다양한 방식으로 받아들이고 활용한다.

심리학에서는 인간의 인지 과정과 행동을 이해하는 데 추론을 사용하며, 인공 지능과 머신 러닝 분야에서는 데이터 분석과 패턴 인식을 통해 자동화된 추론 과정을 구현한다. 특히 언어 심리학에서 추론은 언어 처리와 이해 과정을 연구하는 데 중요한 역할을 한다. 언어 심리학자들은 사람들이 어떻게 언어를 이해하고 생성하는지를 분석하기 위해 다양한 형태의 추론을 사용한다. 문맥 추론을 통해 단어나 구句의 의미를 이해하는 과정을 연구하기도 하고, 문장의 구조 분석과 문법적 규칙을 바탕으로 문장의 의미를 추론하는 과정을 연구하기도 한다. 대화 중의 전제와 함축을 이해하는 데도 추론이 사용된다. 전제는 특정 발화가 진실로 가정하는 내용을 말하며, 함축은 직접적으로 표현되지 않은 의미를 내포하기 때문에, 전제와 함축을 이해하는 것은 대화의 전체적인 맥락을 이해하는 데 매우 중요하다.

이처럼 추론은 사람들이 언어를 이해하고 사용하는 방법

을 심층적으로 탐구하는 분야 전반에서 핵심적인 역할을 한다. 이를 통해 언어 처리 과정의 복잡성을 해명하고, 인간 인지의 다양한 측면을 이해하는 데 도움을 얻기도 한다. 인간의 언어 활동에 대한 이해가 확장적으로 적용된 사례는 최근 인공 지능AI의 발달 속에서 다양하게 확인된다.

2024년, 지피티GPT 개발사인 '오픈에이아이OpenAI'와 로봇 스타트업 '피규어FIGURE'가 생성형 인공 지능을 통해 실시간으로 대화하고 스스로 추론해 움직이는 휴머노이드 로봇을 공개했다. 이 로봇은 단순한 지시 수행을 넘어, 추론을 통해 물체를 인식하고 분류하는 능력을 보여 준다.

예컨대 주방에서 다양한 과일이 담긴 테이블을 마주한 상황에서 "빨간색 사과를 집어 들어라."라는 명령을 받았다고 하자. 로봇은 먼저 시각 센서를 통해 테이블 위의 모든 물체를 스캔하고, 이미지 처리 알고리즘으로 각각의 물체를 인식·분류한다. 이어 색상, 형태, 크기와 같은 특징을 분석해 '빨간색'과 '사과'라는 조건에 맞는 대상을 찾아낸다. 이렇게 확보한 정보를 바탕으로 로봇은 빨간 사과를 선택하고, 팔을 움직여 사과를 집어 든다. 이는 기계적인 지시 이행이 아니라 환경을 살피고 정보를 걸러내어 추론에 기반해 스스로 판단하는 과정을 드러낸다.

피규어사가 선보인 휴머노이드 로봇 '피규어 01'이 먹을 것을 달라고 하자 사과를 집어 건네는 모습.[2]

    또한 이 로봇은 사용자와의 대화를 통해 문제를 해결하는 과정에서도 추론 능력을 발휘한다. 예를 들어, 사용자가 "내일 날씨가 좋으면 산책을 가야 할까요?"라는 질문을 했을 때, 로봇은 자연어 처리 알고리즘을 사용해 질문을 이해하고, 인터넷에서 날씨 정보를 검색한다. 날씨가 맑고 온화할 것으로 예상되면 로봇은 "내일 날씨가 맑고 온화할 예정이니 산책하기에 좋은 날씨입니다."라고 답변한다. 이는 로봇이 주어진 정보와 조건을 바탕으로 적절한 결정을 내리는 과정을 보여준다.

    생각해 보면, 인간은 휴머노이드 로봇보다 훨씬 복잡하

고 복합적이며 난도 높은 언어 이해와 행위를 수행한다. 하지만 휴머노이드 로봇이 단순한 명령 수행을 넘어 주어진 정보를 바탕으로 복잡한 추론을 통해 결정을 내릴 수 있음을 관찰하는 것은 나름의 의의를 지닌다. 그것을 통해 우리는 인간의 언어 처리 과정을 깊이 이해할 수 있고, 언어가 어떻게 인간의 행동을 이끌고 조절하는지에 대한 시사점을 얻을 수도 있다. 요컨대 휴머노이드 로봇의 사례를 통해 우리가 얻을 수 있는 통찰은, 아주 간단해 보이는 소통의 과정에도 우리가 의식하지 못하는 사이에 추론의 과정이 개입한다는 사실이다.

그렇다면 실제적이고 복합적인 현실의 상황에서 적절한 추론을 통해 성공적인 소통을 해내기 위해 우리에게 필요한 것은 무엇일까?

Class 3.

효과적인 추론, 어떻게 해야 할까?

대화 속 의도, 어떻게 하면 잘 파악할 수 있을까?

66 대화할 때 상대방이 생뚱맞은 이야기를 하는 것 같다면?

우리는 종종 누군가와 대화를 나누다가 상대방이 일상적 기대에 어긋나는 엉뚱한 이야기를 꺼내는 것처럼 느낄 때가 있다.

엄마: 와, 우리 딸 다 컸네. 엄마한테 이런 선물도 할 줄 알고.

딸: 응 엄마. 아빠한테 기프티콘 사는 방법 배웠어요. 엄마한테도 알려 줄게요. 엄마도 할 수 있어요. 생각보다 쉽고 간편하더라고요!

위 대화에서 엄마는 어느새 훌쩍 자라 자신의 생일날 선물을 직접 챙겨 주는 딸의 모습에서 기특함과 대견함을 느꼈을 것이다. 표면에 드러난 "이런 선물도 할 줄 알고."라는 발화에 함축된 의미에는 '엄마를 생각할 만큼 우리 딸이 몸도 마음도 어느새 훌쩍 잘 자랐구나!'라는 감동의 표현이 포함된 것으로 볼 수 있다. 그런데 딸은 "이런 선물도 할 줄 알고."의 의미를 다르게 추론했다. 스마트폰으로 온라인 선물 교환권을 처음 사 본 어린 딸의 입장에서는 구입 '방법'에 초점을 두고 엄마의 말을 다르게 이해했던 것이다.

이처럼 우리는 일상에서 상대방의 발화를 제대로 추론하지 못해서 상황에 맞는 적절한 대화를 주고받지 못할 때가 있다. 화자가 전하고자 하는 의도나 맥락상 숨어 있는 의미를 적절하게 읽어 내지 못해서 **대화 추론**★에 실패하는 것이다. 이러한 대화 추론의 실패는 상대방과의 원활한 소통을 가로

> **★ 대화 추론**
> **(conversational inference)**
> 구어 의사소통 상황에서 대화의 표면에는 드러나지 않는 다양한 발화 의미들을 추론하는 행위와 관계가 있다. 대화 참여자들은 표면적으로 드러나지 않는 숨겨진 요소를 추론하며 들음으로써 대화의 내용을 보다 깊이 이해할 수 있게 된다. 따라서 대화 참여자들은 일상의 대화 상황뿐만 아니라 정보 전달, 설득 등 다양한 목적의 대화 상황에서 여러 맥락적 단서들을 활용하여 발화의 의미를 추론해야 한다. 배경지식과 상황 맥락 등을 종합적으로 고려하고, 화자의 의도와 관점을 파악하면서 표면에 드러나지 않는 이면의 의미를 탐색하는 것이 중요하다.

막는 문제뿐만 아니라, 때로는 일상에서 곤란한 상황, 갈등 상황에 처하도록 만들 수 있다는 점에서 문제가 된다. 이를테면, 아래의 김 대리와 이 대리의 대화를 살펴보자.

김 대리: (1) 와. 부장님 너무하시는 거 아니야?
이 대리: (2) (황급히 말을 막아서며) 커피나 마시러 가자.
김 대리: (3) 지금 커피 마실 기분이 아니야. 글쎄, 부장님이 말이 말이야, (…)

김 대리와 이 대리는 같은 회사에서 근무하고 있는 동기이다. 이들은 입사 이후부터 줄곧 같이 다니며 회사에서 일어나는 크고 작은 어려움을 함께 나눈 사이다. 어느 날, 진행하던 프로젝트에 차질이 생겨서 부장님으로부터 질책을 당한 김 대리는 어김없이 이 대리를 찾았다. 그리고 (1)과 같이 부장님이 너무한 것 같다며 투덜거렸다. 그런데 마침 저 멀리 복도 끝에서 부장님이 다가오고 있는 것을 발견한 이 대리는 커피나 마시러 가자며 황급히 김 대리의 말을 막아섰다. 위 장면에서 이 대리의 (2) "커피나 마시러 가자."라는 발화는 '문

자 그대로' 커피를 마시러 가자는 제안, 요청의 의미가 아니라, 지금 부장님이 주위에 있으니, 부장님에 관한 이야기는 나중에 하는 것이 좋겠다는 상황적 의미를 함축한다고 보는 것이 적절하다. 화제를 전환함과 동시에 빨리 그 자리를 벗어나고자 하는 의도를 담고 있는 것이다. 그러나 김 대리는 해당 발화에 함축된 의미를 적절하게 추론하지 못하여 이 대리의 의도를 포착하지 못한 채, 자신의 이야기를 계속 이어 가고 있는 것을 확인할 수 있다.

이처럼 발화의 표면상에 드러난 의미 외에 추가적으로 덧붙는 여러 가지 상황적 의미를 **대화 함축***이라고 한다. 우리가 일상에서 의사소통을 효과적으로 잘 수행하기 위해서는 발화 이면에 놓여 있는 함축된 의미를 잘 '추론'할 수 있는 능력이 필요하다. 위 대화에서 이 대리가 기대하는 바는, 갑작스레 커피를 마시러 가자는 이유에 대해 김 대리가 빠르게 '눈치를 채고', 부장님에 대한 험담을 접고 복도를 떠나는 것이었다.

> ★ **대화 함축**
> (conversational implicature)
> 대화 함축은 대화에서 드러나는 발화가 가지는 추론적 의미를 뜻한다(Grice, 1975). 명시적인 의미로서 발화 내용 자체의 의미보다는 대화 참여자의 관계나 배경지식, 발화의 맥락 등을 통해 추론되는 암시적인 의미이다. 대화 함축 개념을 창안한 그라이스(Grice)는 화자와 청자의 협동적인 추론을 통해 대화의 의미가 전달될 수 있다고 보았다.

김 대리가 눈치 빠른 사람이었다면, 이 대리의 숨은 의도를 더 잘 파악했을지도 모른다. 그런데 일상적으로 이야기하는 이러한 '눈치'는 단순히 주먹구구식으로 무턱대고 미루어 짐작하며 체득되는 것이 아니다. 이것은 의사소통 상황에서 상대방의 발화, 기분, 대화 분위기, 시간, 공간, 환경, 맥락 등에 대한 종합적인 이해와 추론이 전제될 때 가질 수 있는 것이기 때문이다. 따라서 대화 상황에서 '눈치 빠른 사람'이라 함은 '대화 추론'을 잘하는 사람을 일컫는 것으로 볼 수 있다. 대화 추론은 추론 과정에서 배경 지식이나 상황 맥락에 대한 이해, 대화 수행 과정에서 이루어지는 다양한 **화용 인지적** 원리를 바탕으로 이루어진다.[1] 결국 '눈치 빠른 사람'은 대화 상황에서 상대방의 말의 의도와 숨은 의미를 포착함으로써 여러 대안 가운데 무엇이 적합한 메시지인가를 파악하고, 이를 바탕으로 원활한 소통을 이어 갈 가능성이 더 크다고 볼 수 있다.

2인 이상의 대화 참여자가 만나 이루는 모든 의사소통은 나의 '발화'에 대한 상대방의 '반응', 그리고 그러한 '반응'에 대한 나의 '재반응'을 통해 역동적으로 이루어지는 것이기 때문에 항상 예측 불가한 특성을 수반할 수밖에 없다.[2] 이러한 복잡성과 애매함을 줄이기 위해 필요한 것이 바로 상대방의 발화에 숨은 의미를 적절하게 찾아낼 줄 아는 추론 능력이다. 김 대리와 이 대리의 또 다른 대화를 살펴보자.

김 대리: (1) 커피 마실래?

이 대리: (2) 난 밤에 커피를 마시면 잠이 안 와.

표면적 의미만 놓고 본다면, 커피를 권유하는 김 대리의 말에 대한 이 대리의 대답은 적절하지 않다. 모든 대화는 관련 내용들이 상호 간 적합성(관련성)을 띠어야 하는데, 커피를 마실 것인지에 관한 질문에 대해 이 대리가 적절한 대답을 하지 않고 전혀 새로운 이야기를 하고 있기 때문이다. 그러나 커피를 마시면 잠이 오지 않는다는 이 대리의 발화(2)는 커피를 원하지 않는다는 의미가 함축되어 있다는 것을 우리는 잘 알고 있다. 화자가 커피를 마시지 않겠다는 뜻을 우회적으로 표현하는 완곡한 거절인 셈이다.

이처럼 대화에서 숨은 의미를 찾는 것은 화자가 말한 것과 말하지 않은 것 사이의 빈틈을 발견하고 그 의도를 파악하는 행위이다. 위 대화에서 김 대리가 이 대리의 말을 듣고 그가 자신의 제안을 거절한다는 것을 추론할 수 있다면, 이 대리의 말은 더 이상 생뚱맞은 이야기가 아니라, 해당 장면에서 적합성을 띠는 적절한 이야기가 될 것이다. 따라서 우리가 누군가와 대화를 나눌 때 상대방의 말이 이해가 되지 않는다면, 우선 상대방이 대화 상황에 적합한 이야기를 하고자 의도했을 것이라고 전제한 후, 해당 발화에 대해 곰곰이 생각해 볼 필요가 있다. 이러한 방법은 대화 속 숨은 의미를 찾기 위한 훌륭한 출발점이 될 수 있다. 추론의 대전제로서 대화에 참여한 사람들이 협력적으로 대화를 함으로써 서로의 기대에 어긋나지 않는 대화, 즉 합리적이고 보편적인 대화를 잘 수행하고 있을 것이라고 가정해 보는 것이다. 대화 도중 언뜻 보기에 상대방이 일상적 기대에 어긋나는 말을 했다면, 바로 그 지점에서 우선 그가 **대화 격률**을 잘 따랐을 것이라고 상정한 뒤, 그런데 '왜 그러한 말을 했을까?'라는 질문을 스스로 던지면서 대화의 이면에 놓인 숨은 의미들을 여러 단서를 통해 하나씩 탐색할 필요가 있다.

💬 '눈치 있는' 대화를 하기 위해 어떤 노력을 해야 할까?

그렇다면 대화의 이면에 놓인 숨은 의미를 잘 찾기 위해 우리는 어떤 노력을 기울여야 할까? 이를 위해서는 우선 **추론적 듣기**가 중요하다. 추론적 듣기는 대화 속에 포함된 여러 가지 생각들 사이의 관계를 파악하는 듣기를 말한다.[3] 파편적인 정보들의 조각들을 연결하고, 자신의 배경 지식과 경험을 바탕으로 조각조각의 관계를 재구성해 보는 듣기인 것이다. 그 과정에서 함축된 의미, 발화 이면에 놓여 있는 숨은 의미 등을 파악할 수 있다.

특히 이러한 일련의 과정에서 언어적 표현 외에 중요한 것이 **준언어적 표현**과 **비언어적 표현**이다. 준언어적 표현이란 언어적 요소에 덧붙는 음조, 강세, 목소리 크기, 억양, 말의 빠르기 등을 의미하고, 비언어적 표현은 눈짓, 제스처, 얼굴 표정, 눈빛 등을 말한다. 앞서 부장님에 대한 서운함을 토로하던 김 대리와 복도 끝에서 다가오고 있는 부장님을 발견한 이 대리의 대화를 다시 떠올려 보자. 이 대리가 "커피나 마시러 가자."라고 했을 때, 그의 언어적 표현뿐만 아니라 이와 함께 동반된 가느다랗게 떨리는 목소리와 당황한 듯한 표정, 그리고 곁눈질과 만류하는 듯한 제스처를 김 대리가 재빠르게 알아차렸다면 이 대리의 의도를 적절하게 추론했을지도 모른다. 이처럼 준언어적 표현과 비언어적 표현은 언어적 표현 이면에 놓여 있는 화자의 감정과 의도를 드러낸다. 따라서 준언어적 표현과 비언어적 표현은 그 자체로 추론을 위한 **맥락적 단서**가 될 수 있다.

다음으로, 맥락에 대한 파악이 중요하다. **맥락**이란 시간과 공간, 대화 참여자 간의 관계와 같은 구체적인 상황 맥락이나 사회·문화적 배경 등을 두루 아우르는 말이다. 이를테면, "지금 몇 시니?"라는 발화가 드러나는 여러 가지 장면을 생각해 보자. 학교에서 지각한 학생에게 교사가 "지금 몇 시니?"라고 이야기하는 장면, 시계를 보는 방법에 대해 처음 학습한 초등학생에게 부모가 "지금 몇 시니?"라고 물어보는 장면, 친구와 대화 중에 막차를 놓칠까 봐 전전긍긍하며 "지금 몇 시니?"라고 말을 건네는 장면에서 각 화자의 발화 의도는 모두 다르며, 이에 따라 이면에 놓인 의미 역시 제각각이다. 이것은 해당 발화를 둘러싼 맥락, 즉 시간과 공간, 대화 참여자 간의 관계, 상황 맥락에 따라 함축된 의미가 다르기 때문이다.

최근 인공 지능을 활용한 로봇이나 챗봇이 인간과 같은 자연스러운 대화 기술을 갖출 수 있도록 하는 핵심 기술로 손꼽히는 것이 바로 이러한 맥락을 정확하게 파악하고 추론할 수 있는가에 관한 기술이다.

예를 들어 로봇에게 "물이 어디 있지?"라고 물어볼 때 글자 그대로만(즉, 기계적으로) 이해한다면 "냉장고에 있습니다."라고 답하겠지만, 로봇이 그 이전에 사용자와 나누었던 대화 기억을 도출한 후 이를 둘러싼 맥락을 잘 추론할 수 있다면 "약 드시려고요? 식탁에 있습니다."라는 대답이 가능할 것이다. 하지만 이 정도의 정교한 추론이 가능한 대화 시스템은 아직 완벽하게 구현되지 못하고 있다.[4]

결국 맥락을 적절하게 고려하고 추론하여 인간과 같이 여러 상황에 적합한 자연스러운 대답을 구현하는 능력은 (적어도 아직까지는) 로봇과 변별되는 인간 고유의 특별한 대화 능력이라고 할 수 있을 것이다. 이처럼 인간의 대화는 여러 요소들이 복잡하게 얽히고설키며 역동성을 지니는 것이므로, 대화 참여자는 여러 가지 맥락적 단서들을 살피며 언제나 추론적으로 잘 들을 준비가 되어 있어야 한다.

일상 대화의 장면에서 이러한 맥락적 단서는 다양하게 주어진다. 가령, 누군가가 "여기 좀 춥네."라고 말한 상황을 가정해 보자. 인공 지능이라면, "여기 좀 춥네."라는 발화에 대해 "네, 오늘 서울의 기온은 영하 5도, 습도는 50%입니다."라고 기계적으로 답했을지도 모른다. 그러나 인간은 "여기 좀 춥네."라는 발화를 둘러싼 다양한 맥락적 단서를 통해 말하는 이의 숨은 의도를 파악할 수 있다.

"여기 좀 춥네"

a. 누군가 듣는 사람과 말하는 사람이 한 공간에 있다.

b. 창문이 열려 있다.

c. 밖은 춥다.

d. 화자는 추위를 느낀다.

e. 창문 가까이에 듣는 사람이 있다.

f. 청자는 화자의 말에 따를 의무가 있거나 화자와 상하 관계에 있다.

→ g. 창문을 닫아라.[5]

위 a~f가 모두 맥락적 단서들이라고 볼 수 있다. 여기에는 시간 및 공간과 같은 대화를 둘러싼 상황, 대화 참여자의 관계 등이 두루 포함된다. 따라서 이러한 맥락적 단서를 잘 추론해 낸 청자라면, 상대방이 "여기 좀 춥네."라고 이야기하는 순간, 창문을 닫는 행위를 직접적으로 수행하게 될 것이다. 일상 대화를 원활하게 이어 가고, 사람들과 원만한 관계를 잘 형성하기 위해서 필요한 추론은 이처럼 표면에 드러난 발화, 문장 자체의 의미를 잘 파악하는 것만으로는 부족하다. 그보다는 오히려 대화를 둘러싼 다양한 맥락과 상황에 대한 이해, 발화 이면에 놓인 숨은 의미의 조각조각들을 깊이 살펴보는 작업이 중요하다.

또한 추론적 듣기를 효과적으로 잘 수행하는 청자의 역할뿐만 아니라 화자의 역할 역시 중요하다. 화자는 청자인 상대방이 자신의 대화 의도를 충분히 추론할 수 있도록 다양한 맥락적 단서를 의식하며 때로는 의도적으로 이를 강조하면서 드러낼 필요가 있다. 다음과 같은 어느 회사의 부장과 신입 사원의 대화를 살펴보자.

> 부장: (다짜고짜) 박 사원, 지난 주말에 뭐 했어? 박 사원은 취미가 뭔가?
>
> 박 사원: ?

위 대화에서 부장은 직장에서 원활한 업무적 소통을 위한 토대를 마련하기 위해, 이제 막 입사한 신입 사원과 관계를 형성하면서 친교적 목적의 다양한 대화를 나누고 싶어 한다. 이에 따라 평소 이것저것 궁금한 것들을 물으며 가벼운 대화를 자주 시도했다. 그러나 Z세대로서 개인주의 성향이 강한 박 사원의 입장에서는 어쩌면 다짜고짜 지난 주말에 무얼 했는지 묻는 것이 때로는 사생활 침해로 느껴지기도 한다. 부장의 숨은 의도를 파악하기에는 맥락적 단서를 찾기가 어려운 것이다. 반면에 아래의 대화는 어떠한가?

> 부장: (하늘을 보며) 요즘 날씨 좋네. 주말에도 날씨가 하도 좋아서 말이야, 테니스도 치고 강아지 데리고 산책도 실컷 했지. 난 테니스가 참 좋아. 주말에 박 사원은 무얼 했나? 취미가 뭔가?
>
> 박 사원: 네, 부장님. 저는 …

부장은 먼저 날씨 이야기를 꺼내며 가벼운 대화를 시도하고 있다. 자신의 이야기를 통해 주말에 무엇을 했는지, 취미는 무엇인지 다양한 정보를 드러내면서 **자기 노출**self-disclosure로 운을 떼는 것이다. 이렇게 되면 박 사원의 입장에서는 부장의 의도를 파악하고 추론하는 일이 앞선 예시보다 훨씬 수월할 수 있다. 이처럼 대화를 할 때 청자의 추론적 듣기 능력이 중요한 만큼, 화자 역시 자신의 발화 의도를 상대가 충분히 이해할 수 있도록 다양한 맥락적 단서를 충분히 드러내는 것이 필요하다.

종합해 보면, 결국 대화는 두 사람이 이루는 협응과 조화의 과정이다. 그리고 그러한 협응과 조화를 위해서 무엇보다 필요한 것은 대화 상황을 둘러싼 다양한 의미와 상황, 정보,

맥락을 추론하는 능력이다. '독백'과 달리 '대화'는 두 사람 간에 이루어지는 역동적인 주고받음의 과정이므로 언제나 불확정성을 수반할 수밖에 없다. 그리고 그러한 불확정성을 줄이기 위해 화자와 청자는 서로가 가진 맥락적 단서를 적극적으로 드러내고, 또 이를 폭넓게 탐색하는 등 화자와 청자 상호 간의 노력이 필요하다.

인간과 동물의 변별점은 인간은 '왜?'라는 질문을 던지고 인과적 추론을 통해 그 원인을 찾아내는 데 있다고 한다.[6] 실생활 속 대화 역시 마찬가지일 것이다. 의미 파악이 어려운 경우, 우리는 동물과 달리 '왜?'라는 질문을 통해 행간과 맥락을 읽어 내며 숨은 의도를 찾고자 얼마든지 노력할 수 있는 존재인 것이다. 물론, 불확정성을 수반한 두 사람의 역동적인 주고받음의 과정이 대화의 본질임을 상기해 보면, 대화의 과정은 언제나 인과적으로만 설명되지 않기에 본질적으로 대화는 늘 어려울 수밖에 없는 특성을 지니기도 한다. 그럼에도 우리는 그러한 상황에서 '왜?'라는 질문을 던지며 자신의 대화 태도를 점검하고 성찰해야 한다.

나아가 앞서 설명한 것처럼 대화 과정에서 겉으로 드러나는 언어적 표현뿐만 아니라, 억양과 강세와 같은 준언어적 표현, 그리고 언어를 둘러싼 말하는 이의 눈빛, 표정, 제스처와 같은 비언어적 표현 등 여타의 다양한 맥락적 단서를 적극적으로 활용해야 한다. 이를 통해 궁극적으로 상대방이 말하고자 하는 바를 적절하게 추론하기 위해 끊임없이 노력해야 할 것이다.

일상생활에서 이루어지는 실제 대화에서는 화자가 말하지 않은 그 이면에 놓인 것이 더 중요한 의미를 가질 때가 많고, 때로는 전달하고자 하는 핵심 메시지가 의도적으로 표면에 드러나 있지 않을 때도 있다. 따라서 화자가 '말하지 않은 의미'를 탐색하고, 이를 발견, 해석하면서 발화가 내포하고 있는 여러 상황적 의미들을 다양하게 추론해야 하는 이유가 바로 여기에 있다. 다양한 맥락적 단서에 대한 종합적인 추론을 통해 상대의 발화뿐만 아니라, 그 의도와 감정을 추측하면서 마치 '숨은 그림 찾기'를 하듯 대화를 할 때, 우리는 비로소 '눈치 있는' 대화 참여자로 거듭날 수 있을 것이다.

글 속의 표현들이 추론의 실마리가 될 수 있을까?

😸 효과적인 추론을 위해서는 '왜' 언어적 단서가 필요한 걸까?

우리가 글을 읽을 때는 글에 담긴 내용을 이해하려고 애쓰기도 하고, 글 속에 담긴 글쓴이의 가치관을 평가하기도 하며, 글쓴이와 비슷하거나 다른 입장을 갖는 유사한 글을 떠올리기도 한다. 이러한 일련의 사고 수행들을 묶어 '추론'이라고 부를 수 있다. 그런데 '추론'은 모두 글에 '표현된 언어'를 매개로 이루어진다. 다음은 '그린 수소 생산 기술'을 주제로 한 어느 신문 기사의 일부이다.[7]

연구팀은 "이와 같은 그린수소 합성 성능은 광촉매를 이용한 방식에서 세계 최고 수준"이라며 "다양한 미생물·부유물이 섞여 있는 열악한 바닷물 환경에서 2주 이상 장시간 구동했을 때도 성능 저하가 거의 없었다"라고 설명했다.
연구 결과는 28일 국제학술지 '네이처 나노테크놀로지'에 실렸다.

위의 글을 읽으면서 우리는 "이와 같은"이라는 말을 보고 이 글의 앞부분에 '그린 수소를 생산하는 획기적인 방법'을 소개했을 것임을 짐작할 수 있다. 그리고 "설명했다"라는 인용 술어를 통해 연구팀의 말이 그들만의 주장이 아니라 객관적인 실험을 거친 후의 결과라는 점을 알 수 있다. 또한 '실었다'라는 능동 표현이 아니라 "실렸다"라는 피동 표현을 사용했다는 점을 통해 연구팀이 자발적으로 학술지에 연구 결과를 실은 것이 아니라, 국내 연구팀에서 개발한 그린 수소 생산 기술이 학계에서 인정을 받았고, 그 결과 국제 학술지에 연구 결과가 실렸다는 점을 짐작할 수 있다. 이를 읽음으로써 독자들은 국내 연구팀에서 개발한 그린 수소 기술이 세계적으로도 인정받았다는 사실을 추론할 수 있게 된다. 마지막으로 관형어 "다양한 미생물·부유물이 섞여 있는 열악한"을 보고 다양한 미생물과 부유물이 섞여 있는 물질 속에서는 그린

수소를 합성하기 어렵다는 전제를 이끌어 낼 수 있다.

    요컨대 위 글의 내용, 글 내용의 신뢰성 및 타당성, 내용과 내용 간 관계를 추론하거나 평가하는 과정에서 우리는 지시 및 대용 표현, 인용 술어, 피동 표현과 같은 문법 개념을 동원하고 있다. 이렇게 효과적이고 정밀한 '추론'의 과정에 언어적 장치로서 문법 지식이 다양하게 작동하므로, 문법을 이해하면 효과적인 '추론'을 수행하는 데 도움이 된다.

추론에 필요한 언어적 단서들에는 무엇이 있을까?

문장의 구조와 의미

우리가 학교 수업 시간에 문장의 구조를 배울 때를 떠올려 보자. 대부분은 주어, 목적어, 서술어와 같은 문장 성분에 대해 익히고, 이어진문장과 안은문장, 명사절, 관형사절과 같은 절의 종류를 학습한 다음, 문장의 구조를 분석해 보는 학습 활동을 해 본 경험이 있을 것이다.[8] 이렇게 우리는 문장의 구조를 배우면서 문법 지식을 쌓고, 나아가 이를 활용하여 필자가 무엇을 강조하고 싶은지, 독자가 어떤 정보는 알고, 어떤 정보는 모를 것이라고 가정하는지 추론할 수 있다. 다음 두 문장을 살펴보자.

---

1) 그(A)가 죽었다!

2) 누군가(B)가 그(A)를 죽였다!

두 문장은 공통적으로 '그(A)'의 죽음에 대해 이야기하고 있지만, 어떤 대상을 주어로 내세우느냐에 따라 독자에게 다르게 해석된다. 1)은 주어-서술어를 갖춘 일반적인 주동문主動文이며, 따라서 1)에서는 '그가 죽었다'라는 사실 자체가 강조된다. 그런데 만약 필자가 그러한 사건이 일어나게 된 계기나 그를 죽음에 이르게 한 사람을 밝히거나 강조하고 싶다면, 문장 2)를 선택할 가능성이 더 크다. 독자는 2)를 읽으면서 그(A)보다는 누군가(B)에 집중하고, 이 문장이 담고 있는 사건의 전모를 궁금해할 것이다.

한편 우리가 문장을 읽어 낼 때 주로 주성분인 주어, 목적어, 서술어에 집중하는 반면, 부속 성분 중 하나인 **관형어**는 상대적으로 덜 주목하는 경향이 있다. 관형어는 명사, 대명사와 같은 체언을 꾸미는 기능을 하는 문장 성분으로서, 명사나 대명사가 관형어가 되기도 하고, 절 전체가 관형어의 기능을 담당하기도 한다. 이를 관형사절(또는 관형절)이라고 일컫는데, 해당 명제 내용이 관형사절로 표현될 경우, 이는 **전제**★의 성격을 지닌다고 해석되기도 한다.[9] '전제'는 문장에서 필자와 독자가 공유하고 있다고 화자가 가정하는 정보를 가리키는데,[10] 명제 내용이 독자에게 새로운 것이라 해도 필자가 이를 관형사절로 표현할 가능성이 있다. 이에 대해 기본T. Givón은 "관계절(관형사절)에 의해 기술되는 상황과 사건은 청자에게 익숙하고familiar, 잘 알려져known 있거나 접근 가능하거나, 혹은 새로운 정보로 도전받지 않을 것 같다고 화자가 가정"[11]하는 것으로 설명하고 있다.

다음은 『위대한 설계』라는 책 중 일부를 학습자에게 다시 쓰기 과제로 시켰을 때, 이어진문장으로 기술되었던 부분이 관형사절을 안은문장으로 재구성되는 사례를 보인 것이다.[12]

> ★ 전제
> 전제는 문장의 진리 관계로 분석하는 '의미론적 전제'가 있고, 발화의 적절성을 위해 화자와 청자가 공유해야 하는 배경지식으로서 보다 넓은 의미의 '화용론적 전제'도 있다. 어떤 층위이건 간에 '전제'는 '의사소통 참여자 사이에 공유된다고 가정하는 정보'라는 공통점을 지닌다. 예를 들어 "아버지는 담배를 끊으셨다."라는 문장은 '아버지는 이전부터 담배를 피워 왔다.'라는 전제가 있어야 그 적절성이 성립한다.

[원 텍스트]

플라톤 이래로 철학자들은 실재의 본성을 논해 왔다. 고전 과학은 진짜 외부 세계가 있고 그 세계의 속성들은 관찰자에게 대해서 독립적으로 확정되어 있다는 믿음을 기초로 한다. <u>고전 과학에 따르면, 대상들은 존재하고 속도와 질량 등의 물리적 속성들을 지니고 있으며, 그 속성들은 잘 정의된 값을 지니고 있다.</u> 이 관점을 채택하면, 우리의 이론들은 그 대상들과 그 속성들을 기술하려는 노력이며, 우리의 측정과 지각은 그 속성들에 부합된다. 관찰자와 관찰 대상은 둘 다 객관적으로 존재하는 세계의 일부이며 둘 사이의 구분은 대수롭지 않다.

[학습자의 다시 쓰기 결과 생산된 텍스트]

플라톤 후의 철학자들은 실재의 본성을 논해 왔다. 고전 과학의 기초는 외부 세계가 존재하고, 속성들이 관찰자에게 독립적으로 확장되어 있다는 것이다. <u>고전 과학에 따르면 대상들은 속도와 질량 등의 정의된 값을 가지는 물리적 속성을 지니며 존재한다.</u> 이 관점에서 우리의 이론들은 대상들과 속성들을 기술하려는 노력이며, 측정과 지각은 속성들에 부합된다. 관찰자와 관찰 대상은 차이가 거의 없고, 객관적으로 존재하는 세계의 일부분이다.

원 텍스트의 밑줄 친 부분은 이어진문장으로 구성되어 있지만 학습자의 다시 쓰기 결과를 보면 "대상들은 속도와 질량 등의 물리적 속성들을 지니고 있으며, 그 속성들은 잘 정의된 값을 지니고 있다."라는 명제가 관형절로 재구성되어 있음을 알 수 있다. 그렇다면 글쓴이는 이 명제가 독자들에게 익숙하다고 가정했기 때문에 관형절로 나타냈을 가능성이 있다.

좀 더 간단한 사례를 들어 보자.

---

(1) 이번 체육대회에서는 백팀이 우승을 차지했고, 상품으로 문구 세트를 받았다.
(2) 이번 체육대회에서 우승을 차지한 백팀이 상품으로 문구 세트를 받았다.

---

(1)과 (2)는 모두 '이번 체육대회의 우승팀은 백팀'이라는 것, 그리고 '상품으로 우승 팀이 문구 세트를 받았다'라는

두 가지 핵심 정보를 담고 있다. 그렇지만 (1)은 두 정보가 대등한 위상으로 독자에게 인식되는 반면, (2)는 '백팀이 우승을 차지한 것'보다 우승 상품으로 무엇을 받았는지에 관한 정보가 더 두드러지게 인식될 수 있다. 다시 말해 (1)의 필자는 독자가 두 가지 정보를 모두 모를 것이라고 가정했다면, (2)의 필자는 독자가 이번 체육대회의 우승팀이 백팀이라는 사실을 알고 있고, 우승 상품이 무엇인지 궁금해할 것이라고 가정했을 가능성이 높다.

요컨대 우리가 글을 읽을 때 관형사절로 구성되는 내용과 주어, 목적어, 서술어로 구성되는 내용이 무엇인지에 주목한다면 필자가 독자를 어떻게 가정하고 글을 썼을지 추론해 볼 수 있을 것이다.

지금까지 살펴본 것이 문장 구조를 통해 글 속에서 필자가 가정하는 전제나 강조하고자 하는 의미를 추론하는 방식이라면, 이번에는 문장의 의미를 추론하고자 할 때 해당 문장을 둘러싼 맥락과 화자와 청자의 배경지식, 문화적 배경 등이 모두 복합적으로 작용한다는 점에 대해 살펴보자. 다음은 전제 추론을 위한 학습 활동의 한 사례이다.[13]

– 다음 글을 읽고 밑줄 친 문장의 의미를 생각해 보자.

> 귀한 손님이 오셨으니 쇠고기 요리를 준비해야겠군. <u>특별히 손님에겐 비곗덩어리를 드려야겠어.</u> 모처럼 만에 함께하는 식사이니 성심성의껏 대접해야지.

– 여러분이 생각하기에 밑줄 친 문장이 의미하는 바는 무엇인가?
  1) 손님에게 좋은 음식을 대접한다.
  2) 손님에게 좋지 않은 음식을 대접한다.

– 문장의 앞뒤를 고려해 보면, 밑줄 친 문장이 의미하는 바는 무엇인가?
  1) 손님에게 좋은 음식을 대접한다.
  2) 손님에게 좋지 않은 음식을 대접한다.

– 왜 이런 차이가 생겼는지 다음 자료를 참고하여 탐구해 보자.

> 감정적 요인과 종교적 요인, 사회-경제적 요인 등에 의해 육류 섭취에 대한 음식 문화가 달리 나타나기도 한다. 쇠고기는 대부분의 나라에서 즐겨 먹는 음식 중의 하나이다. 하지만 우리가 생

> 각하고 있는 것처럼 모든 사람들이 선홍빛의 살코기를 좋아하지는 않는다. 추운 지역의 키르기스스탄과 몽골, 러시아 지역 사람들은 지방질이 많은 비곗덩어리를 '흰 살'이라 부르며 진미로 여긴다. 허연 기름기가 잔뜩 붙어 있는 비계를 최상의 고기로 취급하며, 비계가 붙어 있지 않은 고기는 최하급으로 시장에 내놓아도 팔리지 않는다. 열량 소모가 많은 냉-한대 기후의 혹독한 겨울 추위를 이겨 내기 위해서는 칼로리 높은 비계가 적격이기 때문이다. 그런데 이를 알지 못한 우리나라 국회의원이 몽골 방문 시 대통령 영빈관에서 제공한 최고급 스테이크 요리를 비계가 많다고 손도 대지 않아 몽골 신문의 가십거리로 등장한 적이 있다.
>
> —이노미(2004), 『말하는 문화』, 62쪽

- 그렇다면 이 문장의 의미가 성립하기 위한 전제는 무엇이며, 이 전제는 어떻게 형성된 것인가?

위 사례에서 알 수 있듯, 우리는 문장에서 숨겨진 의미를 추론하고자 할 때 글 차원에서 추론이 제대로 이뤄지지 않는다면, 글 밖의 다른 맥락을 따져 보게 된다. '귀한 손님'이라는 표현을 참고했을 때, "특별히 손님에겐 비곗덩어리를 드려야

겠어."라는 말에서 '비곗덩어리'는 좋은 음식이라는 추론이 가능하다. 그런데 기름 덩어리는 몸에 좋지 않을 거라고 생각하는 우리의 음식 문화를 생각한다면 '왜 비곗덩어리가 좋은 음식인가' 하는 의문은 쉽게 해결하기 어렵다. 그럴 때 우리는 글 밖의 **문화적 맥락**에서 그 단서를 찾아보려는 노력을 하게 된다. 다시 말해 '비곗덩어리'가 좋은 음식이라는 추론이 완성되려면 '한대 기후에서 추위를 이겨 내는 데에는 비계가 좋다.'는 내용이 담긴 『말하는 문화』의 글 내용, 혹은 이에 관한 배경지식이 있어야만 하는 셈이다.

요컨대 우리는 문장 속에서, 글 속에서, 글 밖에서 다층적으로 추론을 시도하면서 글 속에 제시된 내용을 머릿속으로 이해하게 된다.

텍스트 결속 표지

텍스트 결속 표지란 한 덩어리의 말이나 글을 구성하는 요소들이 형식적으로 짜임새를 갖출 수 있도록 사용하는 지시 표현, 대용 표현, 접속 표현과 같은 언어적 장치들을 말한다. 국어과 교육 과정에서는 주로 말이나 글의 응집성을 높이기 위한 장치로서 이들을 교육 내용으로 다뤄 왔는데, 우리가 글을 읽거나 대화를 할 때도 텍스트 결속 표지를 추론의 언어적 단서로 활용할 수 있다. "한국 말은 끝까지 들어 봐야 한다."라는 우스갯소리에서도 알 수 있듯이, 텍스트 결속 표지는 말이나 글의 내용이 어떤 흐름으로 전개될지 추론할 수 있는 단서를 제공해 준다. 다음 방송 뉴스를 살펴보자.

> 대학 입시에서 소수 인종을 우대해 온 정책인 '어퍼머티브 액션'에 대한 미국 연방 대법원의 위헌 판결에 대해 하버드 대학은 결정을 따르면서도 다양성이라는 가치를 계속 추구하겠다고 밝혔습니다. 현지 시간으로 29일, 하버드대는 대법원 결정 후 발표한 성명에서 "대법원의 결정을 확실히 따를 것"이라고 밝혔습니다. 다만, 하버드대는 다양성이라는 가치를 계속 추구하겠다는 입장을 분명히 했습니다.
> 그러면서 "대학은 소외된 사람들에게 열려 있는 기회의 장소가 돼야 한다고 믿는다"라고 지적했습니다. 하버드대는 "향후 교내 구성원들의 지혜와 전문성을 바탕으로 대법원의 결정과 하버드의 가치를 공존시키는 방법을 찾을 것"이라고 덧붙였습니다.[14]

위 사례에서처럼 우리는 접속 표현 중 하나인 '다만'을 보고, 하버드대가 위헌 결정을 수용하겠지만 다른 방식으로 소수 인종을 우대하는, 즉 다양성을 추구하는 정책을 모색할 것이라는 점을 추론할 수 있다. 또한 '그러면서' 이후에 이어지는 내용은 하버드대의 입장을 더 자세히 설명하는 내용이 될 것이라는 점을 예측해 볼 수 있다.

문법 요소와 어휘

문법 교육 내용 중 **문법 요소**로 다뤄지는 것들은 높임 표현, 시간 표현, 인용 표현, 피동 표현 등이다. 이들은 '높임을 표현하는 문법 형태', '시간을 표현하는 문법 형태'와 같이 특정한 개념을 표현할 뿐만 아니라, 이를 통해 화자 및 필자가 사건이나 명제에 대한 **태도**★를 드러내기도 한다. 다음 사례를 살펴보자.

> ★ 태도
> 문법 교육에서 '태도'는 여러 가지 의미로 사용된다. '문법' 자체에 대한 호오(好惡)의 감정일 수도 있고, 국어 현상 전반에 대한 비판적 인식을 가리킬 때도 사용된다. 여기서 '태도'는 모종의 명제나 사건에 대해 필자가 자신의 주관적인 판단이나 감상을 가리키는 말로, 특정한 언어적 장치를 통해 이러한 태도가 드러난다. 대표적으로는 '양태(modality)'가 필자 및 화자의 주관적 태도를 드러내는 문법 범주라 할 수 있다.

〈가게에서 물건을 살 때〉

판매원: 손님, 그 옷 너무 잘 어울리네. 그리고 이 모자도 같이 사시면 할인된 가격으로 구매하게 해 드릴게요~

손님: 그래요? 모자는 살 생각이 없었는데….

판매원 : 모자도 정말 잘 어울리시는데, 이참에 같이 사 가요~

손님: 네… 그럼 결제해 주세요.

〈가게에 물건을 환불하러 갔을 때〉

손님: 모자는 아무래도 제가 잘 안 쓸 것 같아서 모자만 환불하려고요.

판매원: 할인된 가격으로 구매하신 상품은 환불이 어렵습니다.

손님: 네?!

위의 대화에서는 동일한 사람이 상황에 따라 높임 표현을 다르게 사용하고 있음을 알 수 있다. 판매원 입장에서 물건을 팔 때는 손님에게 친근한 태도를 보이면서 구매를 유도해야 한다고 판단하여 '해요체'를 사용하고 있지만, 물건 값을 환불해 주어야 하는 상황에서 판매원은 '하십시오체'를 사용하여 손님과 심리적 거리를 멀리하고 있다. 이는, 높임 표현 중 비격식체인 '해요체'는 대화 참여자 간 관계가 다소 가까울 때 주로 사용된다는 점을, 또 가장 높은 등급의 격식체인 '하십시오체'는 대화 참여자 간 관계가 멀고 격식을 차려야 하는 경우에 주로 사용된다는 점을 이용한 것이다. 높임 표현은 단순히 대상을 높이는 기능을 수행할 뿐만 아니라, 대상과 화자와의 심리적 거리를 조절하는 **화용적 기능** 또한 갖고 있다. 높임 표현이 항상 심리적 거리를 특별히 나타내는 것은 아니지만, 대화의 흐름 속에서 높임 표현의 사용 양상이 갑자기 변화할 때 특히 이러한 표현 효과가 두드러진다.

다음은 시간 표현을 적절히 사용함으로써 필자가 사건을 어떻게 인식하고 있는지 그 차이를 효과적으로 보여 주는 사례이다.

---

(1) 아이는 방학 동안 일기를 열심히 썼다.
(2) 아이는 방학 동안 일기를 열심히 썼었다.

---

(1)의 '썼다'는 '-었-'을 사용하여 '아이가 방학 동안 일

기를 열심히 쓴 사건'이 과거에 일어난 일임을 알려 준다. (2) 또한 과거에 일어난 사건을 서술했다는 점을 확인할 수 있지만, '일기를 열심히 쓴 사건'과 현재 상황과의 관계를 고려해 보면, (1)과 (2)는 좀 다르게 인식된다. (1)의 경우 과거의 사건을 단순 기술한 것처럼 인식된다면, (2)의 경우 방학 때는 일기를 열심히 썼지만, 현재 아이는 일기를 잘 쓰지 않는다는 의미를 같이 떠올리게 한다. '-었었-'을 사용하여 현재와의 단절성을 강조한 것이다.

이 외에도 우리는 특정한 어휘나 서술어의 의미에 주목함으로써 필자의 생각이나 태도를 추론할 수 있다. 다음은 학령 인구 감소 현상을 보도한 방송 뉴스 중 일부를 발췌한 것이다.

> 시골의 한 초등학교입니다. 입구에는 <u>흉물스러운</u> 차단기가 설치됐고, 관리가 안 된 운동장에는 <u>잡초가 우거졌습니다.</u> 90년 넘은 역사가 있는 학교지만, 마을에 초등학생이 한 명도 없다 보니, 결국, 지난해부터 휴교에 들어갔습니다. (중략) 역사와 전통이 있다 해도, 시골 학교가 버티기에는 한계가 있는 겁니다. (중략) 시골과 도시를 망라하고 한쪽 성별로는 정원을 채우기 어려워지면서 지난

해에만 ○○의 중·고등학교 16곳이 남녀공학으로 전환했습니다. 사실상 '<u>학생 모집</u>'이 '<u>학생 모심</u>'으로 뒤바뀐 시골 학교의 현실이 휴·폐교 <u>도미노 현상의 악순환</u>으로 가속화되지 않을까 <u>우려됩니다</u>.[15]

우리는 누구로서 말하고 글을 쓰는지에 따라 언어를 구성한다.[16] 상대가 누구인가를 고려해 이에 맞게 언어를 구성하고, 상대방이 어떻게 생각하며 느끼고 행동하길 바라는가의 **관점**으로 언어를 구성하는 것이다.[17] 그렇다면 화자 및 필자는 주로 어떤 언어적 요소를 통해 자신의 관점을 드러낼까? 앞서 논의한 높임 표현, 시간 표현, 인용 표현 등을 통해서도 필자의 관점이 드러나지만, 보다 직접적으로는 종결 표현에 나타나는 주관적 태도 표현, 특별히 선택된 어휘에서 이를 추론할 수 있다.[18, 19]

위 기사에서도 마찬가지로 '학령 인구가 감소하는 현상'을 화자인 기자가 단순히 전달하고 있는 것처럼 보이지만, 여러 어휘와 문법적 단서를 통해 기자의 주관적 태도를 확인할 수 있다. '흉물스러운'과 같은 관형어와 '학생 모심'과 같은 명사화 구성을 통해 사태의 심각성을 강조하고, '우려'라는 어휘를 통해 사태에 대해 걱정스러운 마음을 드러내면서도, '우려됩니다'라는 피동 표현을 사용하여 폐교 현상이 늘어나는 문제가 비단 기자의 주관적인 생각이 아니라는 점을 효과적으로 보여 준다. 이는 객관성을 요구받는 방송 보도의 특성상 사태를 해석하는 주체인 '기자'의 발화에 신뢰도를 높이기 위한 언어적 장치로서 피동 표현이 사용된 것이며, 이 점 역시 추론과 관련한 교육 내용으로 다룰 수 있다.

이럴 땐 이런 추론

분야에 따라 추론은
어떤 모습으로 나타날까?

시와 추론
– 사실만으로 시를 쓸 수 있을까?

추론 과정으로서의 시

우리는 시와 친숙하다고 생각하지만 막상 시를 써야 하는 상황이 되면 막막해질 때가 많다. 그렇다면 시란 무엇일까? 우선 표준국어대사전의 정의를 찾아보자.

> 자연이나 인생에 대하여 일어나는 감흥과 사상 따위를 함축적이고 운율적인 언어로 표현한 글

이 풀이에 따르면, 시의 출발점은 자연과 인생이다. 자연

과 인생에서 비롯하는 감흥이나 사상이 곧 시의 내용이다. 감흥은 느낌, 사상은 생각이라는 말로 바꾸어 쓸 수도 있겠다. 시도 넓게 보면 자연과 인생이라는 단서를 전제로 느낌이나 생각을 이끌어 내는 추론 과정이다. 이렇게 마련된 시의 내용에 함축적이고 운율적인 언어로 표현을 더하면 사전에서 풀이하는 '시'가 구성된다.

시인은 자연과 인생의 사실만 나열하지는 않는다. 사실을 발전시키거나 사실로 독자를 생각하게 한다. 사실에 대한 감정을 표출하거나, 사실을 가지고 추측, 상상, 전망을 하기도 하고, 의문을 갖기도 한다. 시인은 아주 작은 사실로도 풍부한 시적 추론을 해낸다.

어린이다운 추론, 〈앞으로〉

동요 〈앞으로〉도 적은 양의 사실과 풍부한 추론으로 구성되어 있다.

앞으로 앞으로 앞으로 앞으로
지구는 둥그니까 자꾸 걸어 나가**면**

온 세상 어린이를 다 만나고 오**겠네**

온 세상 어린이가 하하하하 웃으**면**

그 소리 들리**겠네** 달나라까지

앞으로 앞으로 앞으로 앞으로.

— 윤석중 작사, 이수인 작곡, 〈앞으로〉

    이 노래는 희망과 기대의 노래이다. 이 노랫말에 들어 있는 사실은 '앞으로 (걷는다)', '지구는 둥글다' 정도로 함량이 아주 적다. 1절의 "자꾸 걸어 나가면"에는 가정 표현, "다 만나고 오겠네"에는 추측 표현, 2절의 "하하하하 웃으면"에는 가정 표현, "들리겠네 달나라까지"에는 추측 표현이 쓰였다. 즉 가정과 추측으로 채워진 노래이다. 지구의 크기를 어린이 스케일(크기)로 축소해서 가정한다면 충분히 가능한, 재미있고 기발한 상상이다. 사실의 세계에서는 말도 안 되는 이야기가 묘하게 감겨 드는 가사가 된 것은 바로 가정과 추측과 상상을 통해서 가능해졌다.

민요에 담긴 화자의 원망과 기대, 〈아리랑〉

한국인이라면 누구나 아는 민요 〈아리랑〉의 가사는 어떨까?

> 아리랑 아리랑 아라리요
> 아리랑 고개로 넘어간다.
> 나를 버리고 가시는 님은
> 십 리도 못 가서 발병 **난다**.
>
> — 작자 미상, 〈경기아리랑〉[20]

이 노랫말의 요지는 '나를 버리고 가시는 당신은 십 리도 못 가서 발병이 날 것이다.'이다. 임의 발이 삐든지 다치든지 해서 걸을 수 없게 되는 한이 있더라도 임이 나에게 돌아오기를 바라는 마음을 표현한 것이다. "발병 난다"는 평서형 '난다'로 되어 있지만, 담긴 의미는 희망과 기대와 추측이라 할 수 있다.

상상을 확장하는 의문, 「첫사랑」

시에서는 의문도 자주 쓰인다. 의문이라는 것은 기본적으로 어떤 문제나 사실에 대해서 미지의 정보를 요구하는 것이다. 시인은 자신이 경험한 사실을 바탕으로 의문을 던지는 사람이기도 하다. 다음 시에서 화자는 나뭇가지를 두드리는 눈송이를 보며 시상을 떠올렸다. 수없이 나뭇가지를 두드렸을 다른 때의 다른 눈송이까지 떠올리며 질문을 던지는 것이다.

> 흔들리는 나뭇가지에 꽃 한 번 피우려고
> 눈은 얼마나 많은 도전을 멈추지 **않았으랴**
>
> 싸그락 싸그락 두드려 보았**겠지**.
> 난분분 난분분 춤추었**겠지**.
>
> — 고재종, 「첫사랑」 부분

시인은 자신의 추론을 의문문의 형태로 표현한 다음, "보았겠지", "춤추었겠지"라는 추측을 이어 붙인다. 이 과정을 통해 시인은 자연스럽게 독자도 앙상한 나뭇가지를 두드렸을 수많은 눈송이를 상상하도록 권유하는 것이다.

추론으로 재구성된 허구, 〈그 여자네 집〉

문학은 현실을 반영하지만 현실을 그대로 그리지는 않는다. 문학이 그려 낸 대상을 흔히 '문학적 **허구**'라고 하는데, 허구는 사실이 아니면서 강력한 힘을 갖고 마음속에 자리 잡는다. 현실이나 사실은 불완전하다. 불완전한 부분은 정신세계 속에서 채워지고 아름답게 채색된다. 작가가 모자란 부분을 채울 때 현실을 감안하기도 하고 희망 사항을 감안하기도 한다. 이 과정에서 문학의 세계는 완벽해 보이는 경지까지 올라간다.

다음 시에서, 화자에게는 소년 시절 사랑하던 소녀가 있었다. 소녀를 생각하면 화자의 마음도 행복했다. 소녀가 아름다우니 소녀가 있는 집도 아름다웠다. 그녀의 집을 무수히 지나면서 화자에게 '그 여자네 집'은 마음속 깊이 각인되었다. 그래서 시 제목이 '그 여자네 집'이다.

지금은 아, 지금은 이 세상에 없는 그 집

> 내 마음속에 지어진 집
>
> 눈 감으면 살구꽃이 바람에 하얗게 날리는 집
>
> 눈 내리고, 아, 눈이, 살구나무 실가지 사이로
>
> 목화송이 같은 눈이 사흘이나
>
> 내리던 집
>
> 그 여자네 집
>
> — 김용택, 「그 여자네 집」 부분

이 시에서 "그 여자네 집"은 "마음속에 지어진 집"이다. 무너지지도 않고 쇠락하지도 않는, 화자가 살아 있는 동안 지속될 집이다. 이 집은 실제의 집을 바탕으로 머릿속에서 재구성된 집이다. "그런 집은 세상에 없어!"라고 굳이 화자를 일깨워 줄 필요도 없다. 그렇다면 이 집은 어떻게 만들어졌는가? 실제의 집에서 만들어졌지만 실제와는 같지 않은, '추론'으로 재구성된 집이다.

작품의 해석과 감상

시의 창작 과정에서 중요하게 작용하는 추론은 시의 수

용 과정에서도 중요한 역할을 한다. 시의 이해와 감상이 중요한 내용을 이루는 시 교육에서는 '추론'이라는 용어 대신 **해석**과 **감상**이 사용된다. 2022 개정 교육 과정에서 '읽기' 영역과 '문학' 영역에 사용되는 용어를 성격이 유사한 것끼리 나란히 놓으면 다음 표와 같다.[21]

'읽기' 내용 범주	'문학' 내용 범주
내용 확인	이해
추론	**해석, 감상**
평가	비평
창의	창작

읽기 영역의 '추론'에 대응하는 것은 문학의 '해석'과 '감상'이다. 해석은 '상대적으로 보편성을 갖는 객관적 근거가 뒷받침되어 이루어지'는 '다소 논리적인 것'이라면, 감상은 '논리적 측면뿐만 아니라 감성적 측면에서 보다 폭넓게 일어나는 것'이다. 이에 따르면, 근거를 기반으로 이루어지는 '해석'이나 해석에 감성적 측면을 포괄하여 이루어지는 '감상'은 모두 사실적 정보를 발전시키는 추론에 해당한다.[22]

예를 들어, 시의 '비유적 표현'에서 함축된 의미를 파악한다든가, '자신의 경험'을 미루어 작품을 읽는다든가, 작품에서

'작가의 의도'를 생각하며 읽는 활동들은 추론을 통한 이해이다.[23] 중학교 과정의 '문학' 성취 기준 가운데 '근거를 바탕으로 작품을 해석하'[24]라는 것은 문학 이해와 감상의 추론적 성격을 잘 드러내는 부분이다.

인간적인 추론이 일구어 내는 시의 세계

읽기와 시의 대상이 둘 다 텍스트라는 점에서, 시의 이해와 감상에서 추론이 작용하는 것은 당연한 일이다. 여기서 한 가지 확인되는 것은, 시는 창작에서 이해·감상까지 추론과 불가분의 관련을 맺는다는 점이다. 창작에서는 작은 사실로 풍부한 추론이 이루어지고, 이해·감상에서도 텍스트에 근거한 추론이 이루어진다.

하지만 시에서의 추론을 일반적 의미의 추론과 구별 지을 필요도 분명히 존재한다. 사실 여부나 추론의 논리성 여부의 잣대를 시에 갖다 대면 시는 한없이 위축된다. 사실 측면에서 시는 사실의 함량이 아주 적은 '공갈빵'이나 사실에 어긋난 '헛소리'라는 비난을 들을 수 있다. 추론의 논리성 측면에서 보면 '비약'과 '편견', '불합리'로 평가될 수도 있다. 논리적인 추론과 구별하여 '인간적인 추론'을 설정한다면, 인간적인 추론은 느슨한 추론이자 열린 추론이다. 시에서의 추론도 인간적인 추론이고 사람이면 누구나 한 번쯤 할 법한 추론이다. 시가 **인간적인 추론**을 다루고 있기 때문에 인간성을 공유하는 우리는 아름다운 상상의 세계를 함께 꿈꿀 수 있게 된다.

🎧 법과 추론
- 수사관과 판사가 실체적 진실에 도달하는 방법은?

수사: 범죄 현장의 단서를 활용하는 추론

강력 범죄 사건이 발생하면 수사관은 가장 먼저 현장을 보존한다. 사건 현장 속에 사건의 실체를 규명할 단서가 있기 때문이다. 혈흔이나 머리카락, 도구, 소지품, CCTV 영상 등은 모두 증거가 될 수 있다. 수사를 담당하는 기관에서는 이러한 증거를 비롯하여 관련된 모든 정보를 수합해서 사건을 파악하는 데 주력한다. 이런 정보를 모두 모아 놓은 것을 프로파일profile이라고도 한다. 이 프로파일을 바탕으로 범인을 추적하지만 운이 나쁘면 사건은 영구 미제未濟로 끝나기도 한다.

단서가 되는 증거들은 그다지 친절하지 않다. "이 사람이 범인이오!" 하고 알려 주는 증거나 목격자가 있다면 좋겠지만, 증거든 목격자든 불완전한 경우가 많다.

진실 찾기의 어려움을 잘 보여 주는 영화로 대표적인 것이 구로사와 아키라黑澤明 감독의 〈라쇼몽〉이다. 이 영화는 어느 사무라이의 사망 사건을 다룬다. 사무라이가 왜 죽었는지에 관하여, 사무라이의 아내와 산적, 무당에 빙의된 사무라이가 법정에 소환된다. 이들의 진술은 모두 엇갈린다. 각자의 입장에 따라 죽은 사무라이는 정정당당하게 결투하다 죽은 것이기도 하고, 비겁한 습격을 당한 것이기도 하다. 사무라이 아내는 도적에게 겁탈을 당했다고는 하나, 사내다운 매력을 지닌 도적과 눈이 맞아서인 것 같기도 하다. 살인, 겁탈, 분노, 배신. 이 영화는 각자의 욕망에 따라 진실이 쉽게 왜곡될 수 있음을 보여 준다. 바꾸어 말하면 진실을 재구성하기가 그만큼 어렵다는 뜻이다.

아주 작은 단서들이라도 그것을 잘 활용하면 진실에 접근하기도 한다. 공공 기관이 아닌 개인 자격으로 수사나 사건 조사를 맡는 사람을 '탐정'이라고 하는데, 코난 도일 A. Conan Doyle의 소설 주인공 셜록 홈스가 바로 탐정의 대명사 격이다.

셜록 홈스는 이 소설의 1인칭 서술자 존 왓슨을 만나자마자 그가 군의관임을 알아맞힌다. '짧게 깎은 머리', '의사'라는 단 두 가지 정보를 조합해서 말이다. 하지만 셜록 홈스 같은 사람은 흔하지 않다. 오히려 편향된 시각을 가지고 사건의 실체를 미궁에 빠뜨리는 경우도 많다.

오래된 영화 〈유주얼 서스펙트〉는 급반전 영화의 대명사로 불린다. '유주얼usual'은 '늘 그러한', '서스펙트suspect'는 '피의자'를 뜻하는 말로, '유주얼 서스펙트'는 범인이 누구인지 알 수 없을 때 최우선적으로 소환되는 용의자를 가리킨다. 가령 지역 내에 같은 종류의 범죄 전과자가 있다면 그가 유주얼 서스펙트로 수사 기관에 불려 오게 된다. 그렇게 불려 온 영화 속 인물이 '버벌'이다. 몸이 불편해서 범죄를 저지르기에 유약해 보이는 그는 수사관이 추리를 통해 범위를 좁혀 오자 진실을 실토하고 만다(적어도 관객은 그렇게 생각했다). 영화의 백미는 수사관이 "나는 다 알고 있어."라는 식으로 큰소리치는 대목이다. 하지만 이 영화가 왜 반전 영화겠는가? 수사관이 하나도 알고 있지 못하는 것으로 결론 나기 때문이다. 완벽해 보이는 추리는 수사관이 갖고 있는 사실에 한해서일 뿐이었고 숨겨진 사실 앞에서는 무력했다.

사실이 부재할 때 추론은 불가피한 대응 수단이다. 추론을 통해서 우리는 사실로 가는 길을 찾을 수 있다. 그러나 새로운 사실 앞에서 추론은 늘 겸손해져야 한다.

재판: 논리적 추론과 논증적 글쓰기

수사 기관의 수사 절차를 밟은 사건은 재판정으로 보내진다. 이를 '일으킬 기起', '송사 소訴', 기소起訴라고 한다. 재판을 일으키는 주체는 검사이다. 검사는 피의자를 이러이러한 근거로 처벌해 달라고 판사에게 요청하는 기소장을 쓰는데, 기소 과정에서 추가적으로 필요한 수사를 직접 하거나 수사 기관(경찰)을 지휘하기도 한다. 그래서 통상적으로 검사는 범죄를 수사하고 소를 제기하며 재판을 집행하는 역할을 맡는다.

이전의 수사 단계에서는 사건의 실체 구성이 강조되지만, 다음 단계인 재판은 논리적 과정의 성격이 부각된다. 즉 법 조항 'A를 저지르면 범죄이다.'가 대전제가 되고, '피의자 B의 행위는 A이다.'가 소전제가 되어, '피의자 B의 행위는 범죄다'라는 결론에 이르는 것이다.

재판 과정에서, 피의자가 유죄임을 입증하는 검사의 반

대편에서는 변호사가 활동한다. 변호사 역시 사건의 진실을 구성하고 일종의 논증을 하므로 이런 논증 행위 자체는 검사와 비슷하지만, 피의자의 무죄를 입증하고자 한다는 점에서 그 방향은 반대이다. 검사와 변호사에 더해, 피의자와 목격자, 참고인 등이 가세하여 재판정에는 많은 진술이 등장하게 된다. 동일한 사안에 대해서 상반되거나 모순되는 진술이 대립하기도 하고 거짓이나 과장, 왜곡된 진술도 있다.

판사는 이런 혼란 속에서 진실을 찾아내고 조합해야 한다. 수사관이 단서를 바탕으로 **사건의 실체**를 **재구성**★하듯이, 판사에게도 이러한 작업이 다시 반복된다. 앞에서 살펴보았듯이 진실은 자명하지 않다. 정보 기술의 발달로 CCTV, 자동차 블랙박스 등 영상 증거가 각광을 받는 시대가 되었지만, 영상이 아닌 증거에 의존해야 하는 사건도 많다. 검사 측의 추론과 변호사 측의 추론이 대립하는 상황에서, 판사는 양측의 논리를 듣고 최종적으로는 본인의 추론을 통해서 실체를 재

★ **재구성(reconstruction)**
이미 형성되어 있는 것을 새로운 시각이나 근거로 다시 조직하는 과정을 말한다. 구성이 물리적·사회적·정신적 맥락에서 두루 사용되는 용어라고 한다면, 재구성은 주로 정신적·지적 상황에서 자주 사용된다. 학습자는 주어진 정보를 바탕으로 새로운 정보를 구성한다고 하기도 하고, 지식을 자기의 방식대로 재구성한다고 말하기도 한다. 추론을 통해서 주어진 사실이나 자료들을 단서로 하여 (이미 구성되어 있는) 실체에 가깝게 재구성하는 지적 행위를 수행할 수 있다.

구성해야 한다. 이 과정에서 사실과 사실이 아닌 것, 중요한 증거와 덜 중요한 증거 등을 가려내는 비판적 안목도 중요하다. 판사는 광범위한 수사 자료를 바탕으로 실체를 재구성하기 위해 수많은 텍스트에 대한 추론적 읽기를 수행한다. 이것이 판사 업무의 1단계이다.

판사 업무의 2단계는 논리적 증명의 단계이다. 파악된 진실, 즉 사건의 실체가 특정 법 조항에 해당하는지의 유무를 판단하는 것이다. 여기서의 추론은 논증으로서의 추론이라 할 수 있다. 이 단계에서는 판결문 작성을 위한 논증적 글쓰기 작업이 집중적으로 이루어진다.

법정에서의 질의응답까지 포함한다면, 사건 파악 단계에서의 추론을 위한 텍스트 읽기, 판결문 작성을 위한 논증적 글쓰기 등 판사에게 언어 활동은 정말 중요한 활동이 된다.

법을 통해 우리 사회를 밝히는 추론

그리스 신화에 나오는 '디케'는 정의의 여신으로 불린다. 디케는 신들의 왕 제우스와 율법의 여신 테미스 사이에서 태어난 세 딸 중 한 명이다. 그리스 신화의 신들과 로마 신화의 신들은 대응하면서 존재하는데(그리스 신화의 '제우스'와 로마 신화의 '주피터'처럼), '디케'와 쌍을 이루는 로마 신화의 여신은 '유스티티아Justitia'이다. 이 '유스티티아'에서 생겨난 말이 바로 '정의Justice'이다.

정의는 법과 불가분의 관계를 맺고 있는 가치이다. 법이 사회 질서를 유지하기 위한 수단에만 머문다면 강자의 지배를 정당화하는 도구가 될 수 있다. 정의가 없는 법은 폭력이다. 법이 사회 구성원들의 자발적인 복종과 신뢰를 통해 유지되는 기반도 법이 공정하고 정의롭다는 믿음 때문이다.

그렇다면 법은 우리 사회의 정의에 어떻게 이바지할 수 있을까? 앞서 우리는 수사의 단계에서 사건의 실체를 규명하고, 재판의 단계에서 규명된 실체를 법에 논리적으로 적용하는 과정을 확인했다. 이를 단순화하면 사실의 확정과 타당한 추론이다. 사법의 과정도 사실을 파악하고 사실을 바탕으로 추론하는(더 나아가 비판적으로 평가하는) 일반적 사고 과정에서 벗어나지 않는다.

수사 단계에서 진실을 제대로 규명하여 억울한 사람이 없게 하는 것이 사실 측면에서 정의를 구현하는 방법이라면, 법 조문에 왜곡되지 않고 타당하게 적용하는 것은 추론 측면에서 정의를 구현하는 방식이다. 반대로 진실을 감추거나 사건의 실체를 왜곡한다든지 (사실), 법 조문을 왜곡하거나 편향적으로 적용한다면 (추론) 그 사법 체계는 정의롭다고 보기 어려울 것이다.

전국의 많은 법원에는 정의의 여신 디케의 동상이 세워져 있다. 그런데 어떤 디케의 동상은 눈을 가리고 있다. 빈부, 사회적 지위 등에 영향을 받지 않고 법과 양심에 따른 재판을 해야 한다는 뜻이라고 한다. 어떤 디케의 동상은 눈을 뜨고 있기도 한데, 이는 진실의 규명을 위해서 사실들을 잘 살펴야 한다는 뜻이라고 한다. 여신의 한쪽 눈은 공정한 추론을, 다른 쪽 눈은 사실의 규명에 관해 한마디씩 하고 있는 것이다.

눈을 가린 정의의 여신 디케상[25]

우리 사회를 지탱하는 데 막중한 책임이 있는 법과 사법적 행위의 기초에는 언어적 추론이 한 자리를 차지하고 있다. 잘 이루어진 추론은 비판적 안목과 더불어 우리 사회의 선과

악을 밝게 들여다보게 해 준다. 이렇듯 추론(과 비판)으로 실현되는 언어는 우리를 인도하는 빛이 아니겠는가?

66 정치와 경제의 추론
- 잘하면 안심, 못하면 근심

정치, 민주주의, 유권자

똑같은 식재료라도 요리사가 누구냐에 따라 음식은 완전히 달라질 수 있다. 동일한 운동 선수라도 어떤 감독에게 지도받느냐에 따라 전혀 다른 성과를 낸다. 가정이든, 사회든, 국가든 두루 적용되는 이치다. 사람들은 이런 이치를 알기 때문에 좋은 지도자를 염원하고, 학교마다 좋은 지도자를 길러 내겠다는 것을 목표로 내세운다. 사람들은 대통령이나 국회의원뿐 아니라 자신이 속한 직장이나 학교, 모임에서 누가 지도자가 되느냐, 그 지도자가 잘하느냐 못하느냐에 대해 많은 관심을 갖는다. 이를 달리 말하면, 사람들은 국가, 지역, 직장·학교·모임의 크고 작은 정치에 대해 관심을 갖는 것이라 할 수 있다.

그렇다면 사람들은 어떤 점 때문에 관심을 갖는가? 정치에 따라 이해利害가 달라지기 때문이다. 정치학자 데이비드 이스턴David Easton은 정치 체제를 하나의 시스템으로 보면서, 정치의 핵심 기능을 '사회적 가치의 권위적 배분'이라고 정의한 바 있다.[26] 정치적 투쟁에서 승리한 쪽은 국가 예산과 같은 물질적 자원 획득에서 우위에 서고, 국가의 주요 보직과 같은 인적 자원을 장악하며, 제도와 정책을 동원하여 사회를 특정 방향으로 이끌어 갈 수 있다. 이 때문에 정치권력은 사회의 구성원들에게 커다란 관심의 대상이 된다.

아무리 막강한 힘을 가진 정치권력이라도 국민이 그 정치권력에 영향력을 행사할 길이 없다면 국민들은 정치적으로 무관심할 수밖에 없다. 하지만 민주주의 정치 체제에서는 선거를 통해서 정치권력을 교체할 수 있고, 국민들은 유권자의 자격을 갖고 선거에서 권리를 행사한다. 이 체제에서는 유권자들이 어떤 판단을 하느냐에 따라 정치권력이 생명을 지속할 수도 있고 단명할 수도 있다. 정치인들에게는 자신이 유권자들에게 어떻게 비치고 해석되느냐가 매우 중요한 관심사가 된다. 유권자들에게도 마찬가지로 정치 또는 정치인의 언어, 정책, 행동을 해석하고 추론하는 것이 중요한 관심사가 된다.

정치에 관한 추론의 다양한 양상

유권자들이 올바른 판단을 내리기 위해 필요한 정보는 많지만 제공되는 정보는 많지 않다. 정보를 생산하거나 제공하는 측과 정보를 사용하거나 제공받는 측의 정보 비대칭은 늘 존재한다. 국가 권력에 의해 정보가 통제되던 시절에는 정보 비대칭이 특히 심했다. 국가적 의사 결정이 어떻게 이루어졌는지 일반 국민은 알기 어려웠다. 많은 내용은 '비밀'로 간주되고, 권력에 가까운 사람들만 알음알음 내막을 알고 있었다. 하지만 정보의 비대칭으로 인한 정보 부족의 문제는 정치 영역만의 문제도 아니고 과거에만 그랬던 것도 아니다. 오늘날에도 여전하다.

사람들은 자신에게 제공되는 정보가 과다하다고 인식하기도 한다. 선거에 입후보한 정치인들이 내세우는 정책이나 공약의 내용을 굳이 알려고 하지 않는 사람도 있다. 후보가 누구인지 모른 채 소속 정당이나 진영만 보고 투표하는 경우도 있는데, '묻지마 투표'라는 비판을 받기도 하고 (브랜드만으로 상품을 고르는 것과 같은) '효율적 선택'이라는 평가를 받기도 한다.

정치인에 관해 우리가 가장 알고 싶은 것은 무엇인가? 그의 생각과 비전이다. 생각과 비전은 어떻게 알 수 있는가? 그것은 그에게서 나오거나 그에 관하여 나오는 말과 글이다. 우리는 사회의 일원으로서 그들의(또는 그들에 관한) 언어에 대한 이해도를 높여야 한다. 한 사회의 정치를 책임지는 지도자의 언어는 머지않아 그 사회의 현실이 되기 때문이다. 시민들은 정치인의 언어, 그리고 그 언어에 대한 언론의 2차 자료를 기반으로 다양한 정보를 파악하고 활발하게 추론해야 한다.

그렇다면 정치인의 언어에 대해 어떤 추론을 할 수 있을까? 이미 우리 사회는 정치에 관한 추론이 매우 활발하게 이루어지고 있다. 텔레비전을 켜면 평론가들이 나와 각종 뉴스에 대한 자신의 해석과 전망을 이야기한다. 인터넷 개인 방송에서는 별다른 준비물 없이 오로지 자신의 해석과 전망만으로 수많은 조회 수를 기록하기도 한다. 추론의 홍수이다. 그렇다면 그들은 어떤 추론을 하는가?

전통 매체와 인터넷 매체에서 이루어지는 다양한 추론을

복원 추론, 간과 추론, 확장 추론으로 구분하기도 한다.[27] **복원 추론**은 텍스트에 단어나 문장 등 언어 표현으로써 말한 내용을 더욱 명확하고 명료하게 만드는 추론이다. 집권 5년차의 대통령이 '포용'을 언급한 것을 개혁과 변화가 아닌 민생 경제에 집중하겠다는 기조로 풀이하는 것이라든지, 대통령이 '오랜 숙제를 마침내 해냈다.'라고 했을 때 '숙제'의 구체적 내용을 풀어서 서술한 것 등이 그 예이다.

간파 추론은 필자가 말하지 않은 것을 독자가 끄집어내는 추론이다. 특정 국가에 대하여 원론적인 관계만 거론되고 구체적인 제안이 언급되지 않았다는 점에 착안하여 해당 국가와의 **외교 관계**가 곤란에 봉착했음을 추론하는 것이 그 예이다.

확장 추론은 텍스트가 발화됨으로써, 그 영향으로 하여 이후에 발생하게 될 어떤 변화를 예견하는 기능을 하는 추론이다. 실제로 현실에 가장 큰 영향을 주는 추론이다. 예를 들어, 대통령이 정치적으로 민감한 쟁점을 거론하지 않은 것을 근거로 갈등 상황을 회피하는 정치 기조를 보일 것으로 추론하는 것, 정부의 부동산 정책을 소개한 뒤에 정부가 특정 세금의 유예가 포함될지 관심이 쏠린다고 함으로써 이후에 있게 될 상황을 예견하는 추론이 그 예이다.

정치 문화 발전에 기여하는 좋은 추론

민주 사회에서 유권자는 매체에서 유통되는 추론을 기반으로 정치적 선택(투표)을 하게 된다. 투표의 결과는 우리 사회에 현저한 영향을 미치고, 투표의 역량이 곧 우리 사회의 수준이 된다. 그렇다면 우리는 좋은 추론에 대해 생각하지 않을 수 없다. 넘쳐나는 추론 중 어떤 추론이 좋은 추론이고 어떤 추론이 좋지 않은 추론인가.

좋은 추론을 다른 말로 하면 **타당성**★을 갖춘 추론이라고 할 수 있는데, 여기서 타당성은 두 가지 의미를 갖는다. 즉 사실에 부합하는 차원의 타당성과 합리적 사고 과정으로서의 타당성이다.

먼저 좋은 정치 추론은 사실에 기반해야 한다. 왜곡된 정보에 기반해서도 안 되고, 맥락을 무시한 편집된 사실에 기반한 것이어도 안 된다. 잘못된 사실에서 비롯한 추론은 잘못

> ★ **타당성(validity)**
> 타당성은 사전적으로는 '사물의 이치에 맞는 옳은 성질'을 말하며, 다양한 맥락의 의미를 갖는다. 추론과의 관계 속에서 타당성은 주로 두 가지 의미를 갖는다. 먼저 논리학에서의 타당성 개념은, 추론이 논리 법칙에 맞아서 참인 전제에서 참인 결론이 도출되는 과정을 말한다. 형식성, 과정적 측면이 강조되는 표현이다. 다음으로는 추론의 내용이 실제 사실에 부합한다는 의미로서의 타당성이다. 그래서 타당성은 형식적·내용적 측면에서 추론을 평가하는 기준이 될 수 있다.

된 믿음으로 이어져 우리의 정치 문화를 타락시킨다.

다음으로 정치 추론은 합리적 사고 과정에서 비롯한 것이어야 한다. 근거에서 자연스럽게 도출될 수 있는 결론이 추론의 내용이어야 하지, 근거를 잘못 해석하거나 근거에서 비약된 결론이 추론의 내용이어서는 안 된다.

여기에 더하여 좋은 추론이 조성되기 위해서는 공론과 토론의 장이 활성화되어야 한다. 비슷한 사람, 비슷한 생각을 가진 사람들끼리만 모여서 편향된 추론을 재생산하기보다는 다른 관점, 다른 각도에서 추론을 비교하는 과정에서 더 나은 추론, 해석, 전망이 도출되기 마련이다. 마치 문학 작품 감상자가 자신의 해석을 다른 사람의 해석과 비교하면서 더 나은 해석에 도달하는 것과 유사하다고 할 수 있다.

좋은 추론은 유권자에게 좋은 선택을 가능하게 한다. 좋은 선택은 좋은 정치로의 변화를 낳는다. 좋은 정치는 우리 사회의 가치를 바람직하게 배분함으로써 우리 사회 전체의 복리를 증진시키니, 좋은 정치 추론은 장려되고 활성화될 만하다.

추론에 따른 실행은 미래를 변화시킨다

우리가 추론하는 것은 주어진 정보를 활용하여 중요한 판단을 내리기 위해서이다. 개인들의 추론이 아주 활발하게 일어나는 영역이 경제 분야이다. 예컨대, 다음의 질문들에 대해서 사람들은 의견이 갈리고, 각자의 추론에 대해 다른 행동을 결정할 것이다. 각각의 질문의 답은 추론(~한다면)과 추론에 따른 행동 결정 또는 **실행**(~할 것이다)으로 구성된다.

- (자산에 관하여) A라는 부동산/주식은 지난 수십 년간 많이 올랐다. 앞으로는 오를까, 내릴까?
- → 오른다면 A를 살 것이고, 내린다면 A를 팔거나 사지 않을 것이다.
- (산업에 관하여) B라는 업종(또는 상품이나 서비스)는 앞으로도 잘 될 것인가, 쇠퇴할 것인가?
- → 잘된다면 B에 투자를 늘려 나가고, 잘 안 된다면 B 대신 다른 것으로 전환할 것이다.
- (금리에 관하여) 은행 이자율이 1980년대에는 20%였고, 2000년대에는 7%였고, 2020년대 초에는 3%였다. 앞으로 이자율

은 오를까, 내릴까?

→ 이자율이 오른다면 서서히 빚을 줄여 나가고, 이자율이 내린다면 빚을 내어서 투자를 늘려 나갈 것이다.

위와 같은 질문에 대해 어떤 추론을 하고 어떤 실행을 했느냐에 따라 개인의 자산이나 사업, 국가 경제는 완전히 다른 결과를 낳게 된다. 은행 금리가 내릴 것으로 전망하는(추론 1) 사람은 빚을 내어서라도 투자를 하고(추론 1의 실행), 오를 것으로 전망하는(추론 2) 사람은 현금을 보유하고 저축을 할 것이다(추론 2의 실행). 빚을 내어 투자를 한 경우, 이자 감당이 힘들어서 투자에 실패하는 경우도 있고(추론 1의 실행 결과), 빚을 진 몇 배 이상으로 자산 가격이 상승해 큰 성공을 거두는 경우도 있다(추론 2의 실행 결과). 추론은 실행을 낳고 실행은 결과를 낳는다.

경제 활동을 하는 사람들이 어떤 추론을 하느냐에 따라 실행과 결과는 달라지고, 결과는 다시 추론에 영향을 미친다. 2011년 동일본 대지진이 일어났을 때 물에 잠긴 도시에는 금고들이 둥둥 떠다니는 보기 드문 풍경이 연출되었다.[28] 일본은 수십 년간 화폐 가치가 떨어지는 인플레이션이 발생하지 않았기 때문이다. 하지만 한국의 일반 가정에 금고는 흔하지 않다. 우리나라는 40년간 아파트 가격이 84배 오르고[29] 라면 가격은 50년간 8배가 올랐다.[30] 화폐를 가만히 두면 가치가 떨어지고 부동산 등의 자산은 가치가 계속해서 오르는 경험을 한 한국인들은 빚을 내어 자산에 투자한 경우가 많았기 때문이다.

전문가들도 틀리는 경제 전망

경제적 추론은 사람들의 재산에 영향을 미친다. 어딘가에 투자했다가 큰 수익이 나기도 하고 큰 손실이 나기도 한다. 투자하는 사람이라면 누구나 수익을 전망하지만 결과는 뜻대로 되지만은 않는다. 그래서 사람들은 추론을 잘해 줄 전문가에 대한 기대가 크다. 이른바 전문가들은 사람들을 대신해서 '이러이러한 근거로 이러이러하게 전망한다'라고 추론을 해 준다. 풍부한 자료를 근거로 제시하면 사람들은 현혹된다.

하지만 전문가들의 경제 전망도 빗나가는 경우가 많다. 1930년대 미국의 대공황이 발생하기 전에 사람들은 호황이 계속될 것으로 믿었고, 1990년대 공산권의 몰락, 1997년과 2008년의 금융 위기, 2022년 러시아-우크라이나 전쟁을 예측한 전문가는 거의 없었다. 전문가는 자신의 말이 맞으면 좋지만 틀려도 크게 책임을 지지 않는다. 전문가는 자신의 자료에 기반하여 합리적인 추론의 한 가지를 수행한 것일 뿐이므로, 그러한 추론이 합리적이고 타당한지에 관한 **비판적 검토**를 거쳐 자신의 추론에 활용해야 할 것이다.

결국 개인의 경제적 추론과 그에 따른 실행, 실행이 가져오는 결과는 개인의 몫이다. 전문가의 전망을 맹신하지 말아야 한다는 것은 추론과 전망에 대한 확증 편향에 빠지지 않도록 유의해야 한다는 것이다. 경제 생활을 하는 개인에게 추론과 전망은 불가피하고, 개인은 추론과 전망의 정확도를 높이도록 노력해야 한다. 올바른 정보를 수집하기, 수집한 자료를 다각도로 검토하기, 큰 결정을 내리기 전에 작은 실험을 해보기, 결과가 나오면 분석하여 새로운 추론 수립하기 등은 추론의 정확도를 높이기 위해 개인이 해 볼 수 있는 실천들이다.[31]

❝ 과학의 추론
- 과학의 연구 방법론이
  추론 일반에 시사하는 점은?

'과학', '과학적'이라는 말이 주는 신뢰감

과학^{科學}은 사물의 구조, 성질, 법칙 등에 대해 관찰과 실험 같은 검증 가능한 방법으로 얻어진, 체계적이고 이론적인 지식의 체계를 말한다. 좁은 의미로는 자연 과학을 뜻하고, 넓은 의미로는 경험적 검증과 합리적 이론화를 기반으로 지적 탐구 활동을 수행하는 모든 학문을 가리킨다.[32] 특히 자연 과학은 코페르니쿠스에서 뉴턴으로 이어지는 17세기 전후 유럽에서 혁명적 발전을 이루며 오늘날까지 많은 영향을 끼치고 있다. 일상에서 '과학적'이라는 말은 '사실적', '합리적'이라는 다양한 긍정적 의미를 갖고 있다.

청소년기에 학교에서 교과서로 배우는 과학은 학계의 검토가 충분히 이루어진 지식을 대상으로 한다. 국어 시간에 배우는 과학 지문도 과학 개념이나 원리에 관한 정보 전달의 글이 많다. 그래서 성인이 되어서도 과학적 지식은 받아들일 대상이고 비판할 대상은 아니라고 생각하는 경우가 많다. 건강 관련 방송 프로그램에서 의사가 말하는 처방이 학계의 견해 중 하나라고 명시를 하는 것에 대해서 많은 시청자들은 사실로 받아들이고 고개를 끄덕인다. 여타의 과학 분야에서 제공되는 통계 자료나 권위자의 발언도 쉽게 맹신되는 대상이다.

과학은 합리적 추론과 검증의 산물

그렇다면 과학은 이렇게 안심하고 믿어도 되는 사실의 영역에 속하는가? 그렇지는 않다. 과학의 과학다움은 연구의 방법론에서 비롯된다.

코페르니쿠스, 갈릴레이, 케플러, 뉴턴, 다윈 등으로 대표되는 근대 유럽의 과학 혁명 당시, 영국의 철학자 베이컨은 귀납과 실험을 예찬했다. 이후 자연 현상을 관찰하고 종합하여 규칙성을 찾아내는 '귀납'과 실험을 통해 가설의 진위를 검증하는 '연역'은 과학의 주요 방법론이 되었다(과학에서 말하는 '연역'과 '귀납'은 논리학에서의 같은 용어들과 의미가 완전히 똑같지는 않다).

예를 들어, 갈라파고스 섬의 핀치 새들을 관찰하여 세운 다윈의 진화론은 '귀납'의 탐구 방법을 활용한 것이고, 실험을 통해 파스퇴르가 개발한 탄저병의 백신은 '연역'의 탐구 방법을 활용한 것이다(이는 귀납적으로 수립된 가설과 연역이 결합된 방법으로 보기도 한다. 다음 페이지의 그림 참조).[33]

과학은 사실과 현상을 기반으로 추론하고 확인하는 사고 과정이고, 그중에서도 원인과 결과의 관계를 정립하는 인과론적 추론 과정이다. 즉 과학도 사실에 근거한 추론의 하나이다.

그래서 과학에서는 겸손의 미덕, 의심과 비판의 자세가 중요하다. 지금 나오는 결론은 새로운 증거에 의해 언제든 부정될 수 있다는 점에서 겸손의 미덕이 필요하고, 과학적 사실의 증거로 제시되는 숫자나 이미지가 신뢰할 만한지 비판적으로 의심하고 검증하려는 비판적 태도가 중요하다. 이런 점에서 과학 연구자 당사자들은 겸손해야 하고, 신문에 나오는 과학 기사를 읽는 독자들은 비판적으로 질문하고 수용하는

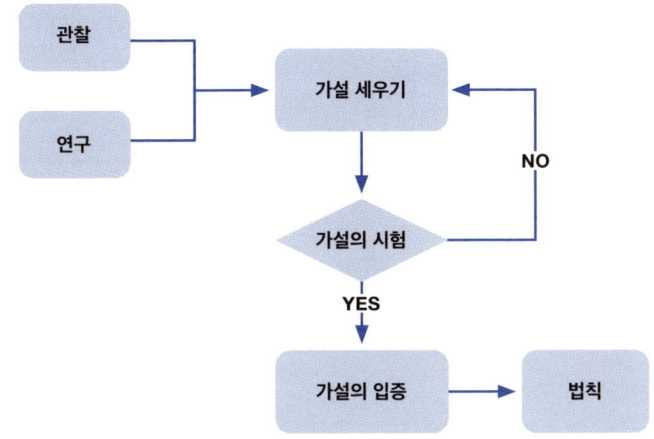

가설연역법의 연구 과정 예시. 가설을 설정하는 단계와 실험 결과로부터 가설을 정당화하는 과정에는 귀납적인 추론이, 가설로부터 검증을 위해 실험을 설계하고 결과를 예측하는 단계에는 연역적인 사고가 요구된다.[34]

태도를 지녀야 한다. 과학 자체가 추론과 실험, 의심과 비판의 산물이기 때문이다.

개인과 사회에 기여하는 좋은 추론

좋은 추론의 동반자들

추론은 사실을 기반으로 자연스럽게 발생하는 지적인 활동이다. 좋은 추론을 통해서 우리는 불완전한 사실을 명료하게 인식하고, 새로운 단계의 생각으로 나아갈 수 있다. 좋은 추론을 통해 우리는 시를 풍부하게 해석하고 상상을 넓힐 수 있다. 재판에서는 사건을 잘 파악하여 좋은 판결을 내릴 수 있다. 정치에 대한 이해를 높이고 경제적으로 유익한 결정을 내릴 수 있다. 과학적으로는 유의미한 이론과 법칙을 수립할 수 있다.

그런데 추론은 사실-추론-비판-실행이라는 긴밀하고 연쇄적인 관계 속에서 힘을 갖는다는 점을 유념해야 한다. 고립된 추론은 큰 의미를 갖기 어렵다. 사실은 추론을 가능하게 하고, 비판과 실행은 좋은 추론을 검증하게 해 준다.

좋은 추론에서 무엇보다 강조되는 것은 사실이다. 드러나지 않은 하나의 사실에 관한 백 가지 추론 중 아흔아홉 가지가 그 사실이 등장하면서 가볍게 부정되기도 한다. 추론은 사실에 근거하는 것이므로, 사실과 정보가 충분해야 한다. 사실과 정보가 빈약하면 부정확한 추론이 횡행한다. 사실을 바탕으로 합리적으로 추론한 것일수록 좋은 통찰을 제공할 수 있다.

비판은 추론들 중에서 좋은 추론을 선별하기 위해 필요하다. 추론의 **가지치기**이다. 자신이 직접 한 추론들이나 매체를 통해서 다양하게 제기된 추론들 중에서 유의미하고 적절한 것들을 선별할 수 있어야 한다. 기존의 사실들이나 자신의 배경지식에 비추어 어떤 추론은 채택하고 어떤 추론은 폐기해야 한다. 타당하지 않은 추론은 사회와 개인의 이익에 손실을 가져오기 때문이다.

추론의 진정한 가지치기는 시험, 실험, 검증 등의 실행을 통해서 이루어진다. '백 번 듣는 것보다 한 번 보는 것이 낫다.'라는 격언처럼 추론의 효과성은 실행을 통해 검증된다. 실행은 새로운 사실을 탄생시킴으로써 다음 단계의 추론을 가능하게 한다. 실행 전의 추론보다 실행 후의 추론은 훨씬 나은 추론이 된다.

개인과 사회에 기여하는 추론

『좁은 회랑』에서 저자 애쓰모글루와 로빈슨은, 국가와 사회가 번영하기 위해 **다원성**과 통제의 조화가 필요하다고 보았다. 즉 창조와 혁신을 위해서 사회의 다원성과 자유가 필요한 한편, 혼란과 무질서를 제어하기 위해서 국가의 통제가 필요한데, 다원적 사회와 통제적 국가 사이의 균형을 이루어야 진정한 번영이 가능하다고 주장했다.[35] 이 책의 저자들은 정부 주도의 경제 개발과 민주화를 통한 다원성 확보를 모두 이루어 낸 우리나라가 번영[36]의 좁은 회랑을 아슬아슬하게 통과하고 있는 것으로 간주한다. 좁은 회랑(통로)을 지난다는 것은 이 두 가지 조건 중 하나만 미달해도 번영의 길에서 밀려난다는 것이다.

우리는 여기서 추론의 언어가 개인과 사회의 발전과 번

영에 기여하는 방식에 대해서 생각해 볼 수 있다. 다양하고 투명한 사실을 통해서 풍성하게 이루어지는 추론은 우리 사회의 다원성과 자유를 가능하게 한다. 타당하게 이루어진 다양한 추론들은 우리들을 새로운 사실과 가능성의 세계로 안내한다. 이런 사회는 확정된 사실이나 정답만 암기하는 사회, 권위에 복종하는 사회와는 구별된다. 이 점에서 추론은 굳이 할 필요가 없거나 때로는 위험한 것이 아니라, 적극 우리 사회에서 장려해야 할 대상이다. 자연 생태계로 치면 생물종을 다양하게 하는 변이들에 해당한다.

이러한 추론은 원활하게 작동하는 사실-추론-비판-실행의 관계망 속에서 더 좋은 추론이 될 수 있다. 근거에 기반한 타당한 추론, 비판을 통해서 자정되는 추론, 실행을 통해서 새로운 차원에서 다시 시작되는 추론은 우리 사회의 유용한 길잡이가 될 수 있다. 사실이 투명하게 공개되고 생각과 실행이 자유롭게 허용되는 사회 분위기 속에서 활발하게 이루어지는 추론을 통해 개인과 사회는 번영하고 발전할 수 있을 것이다.

주註

Class 1. 왜 우리는 소통에 어려움을 겪을까?

1 제민경(2024), 「'잘 읽고 쓰는 능력'은 학습자의 발달에 따라 어떻게 달라져야 하는가?」, 『국어교육의 창』 제7호, 한국어교육학회. http://www.koredu.org/index.php?page=view&pg=1&idx=801&hCode=BOARD&bo_idx=11&sfl=&stx=
2 「[와글와글] "3일 연휴인데 왜 사흘?" 또 문해력 논란」, MBC 뉴스투데이, 2023. 5. 4. https://imnews.imbc.com/replay/2023/nwtoday/article/6480419_36207.html (접속: 2024. 1. 18.)
3 교육부 카드뉴스 〈문해력 _ 우리 아이의 문해력 키우는 방법!〉, https://www.moe.go.kr/boardCnts/viewRenew.do?boardID=340&lev=0&statusYN=W&s=moe&m=020201&opType=N&boardSeq=91675 (접속: 2025. 7. 4.); 교육부 카드뉴스 〈현직 선생님이 직접 알려준다! 문해력 높이는 꿀팁 대방출!〉, https://www.moe.go.kr/boardCnts/viewRenew.do?boardID=340&lev=0&statusYN=W&s=moe&m=020201&opType=N&boardSeq=85110 (접속: 2025. 7. 4.)

Class 2. 추론의 의미는 어디까지 확장되거나 좁혀질 수 있을까?

1 서울대 국어교육연구소(1999), 『국어교육학사전』, 하우, 378~379쪽.
2 유튜브 〈Figure Status Update - OpenAI Speech-to-Speech Reasoning〉. https:

//www.youtube.com/watch?v=Sq1QZB5baNw

Class 3. 효과적인 추론, 어떻게 해야 할까?

1   손희연(2024), 「초등 국어과 대화 추론 교육의 내용 연구」, 『청람어문교육』 97, 211~241쪽.
2   박성석(2018), 「대화 성찰 태도 향상을 위한 교육 내용 연구」, 서울대학교 박사학위 논문.
3   한국화법학회 화법용어해설위원회(2014), 『화법 용어 해설』, 박이정, 90쪽.
4   임효진 기자, 「내 말 찰떡같이 알아듣는 'AI 비서', 꼼꼼한 대화분석으로 만든다」, 『교수신문』, 2024. 6. 11. https://www.kyosu.net/news/articleView.html?idxno=120698
5   김혜정(2012), 「대화에서 격률과 함축, 그리고 그 교육적 의미」, 『텍스트언어학』 33, 298쪽.
6   저스틴 그레그 지음, 김아림 옮김(2024), 『니체가 일각돌고래라면』, 타인의 사유.
7   고성수 기자, 「바다·호수·강에서 그린수소 생산」, 『내일신문』, 2023. 4. 28.
8   문장의 구조는 중학교 단계에서 교육 내용으로 다루어지면서 문장 성분을 분석하는 활동이 주를 이루어 온 것은 주지의 사실이다. 그렇지만 '2022 개정 교육 과정' 고등학교 선택 과목 중 '화법과 언어'에서는 문장 구조 교육에 관해 다음과 같이 기술하고 있어, 문장 구조에 관한 지식이 단순히 문장을 잘 분석하기 위한 것이 아님을 알 수 있다.

> [12화언01-03] 품사와 문장 구조에 대한 지식을 활용하여 언어 자료를 분석하고 설명한다.
> 이 성취기준은 품사와 문장 구조에 대해 이전 학년까지 학습한 내용을 심화하며 그 지식을 활용하여 언어 자료의 특징을 분석하고 설명하는 능력을 기르기 위해 설정하였다. 언어 자료에 사용된 단어의 품사나 문장의 구조를 단순하게 분석하기보다는, 특정 사건이나 현상을 명사로 나타내는 경우와 동사로 나타내는 경우의 표현 효과 차이, 어떠한 생각을 홑문장과 겹문장, 이

어진문장과 안은문장 등의 서로 다른 문장 구조로 표현할 때의 적절성과 효과 차이 등을 분석하며 언어 자료를 설명하고, 품사와 문장 구조에 관한 지식을 담화 특성에 맞게 활용한다.[교육부(2021), 『교육부 고시 제2022-33호 국어과 교육과정』[별책 5], 113쪽. 밑줄은 글쓴이]

9 조진수(2015), 「'문장 확대' 교육 내용의 다층성 연구」, 『국어교육학연구』 50(3), 280쪽.

10 정희원(2001), 「한국어의 대조화제와 화제, 초점: 정보 구조적인 관점에서」, 서울대학교 박사 학위 논문, 27쪽.

11 T. Givón 지음, 김은일·박기성·채영희 옮김(2002), 『기능 영문법 I』, 박이정.

12 스티븐 호킹, 레오나르드 믈로디노프 지음, 전대호 옮김(2010), 『위대한 설계』, 까치; 조진수(2015), 「'문장 확대' 교육 내용의 다층성 연구」, 『국어교육학연구』 50(3)에서 재인용. 학습자 다시 쓰기 과제는 조진수(2015)의 연구에서 실행한 것을 인용하였다.

13 강효경(2010), 「전제 이해를 위한 문법 교육 내용 연구」, 서울대학교 대학원 석사 학위 논문. 92~93쪽.

14 화강윤 기자, 「하버드대 "대법원 결정 따를 것…다만 '다양성' 가치 계속 추구"」, 〈SBS 뉴스〉, 2023. 6. 30. https://news.sbs.co.kr/news/endPage.do?news_id=N1007249127&plink=COPYPASTE&cooper=SBSNEWSEND

15 이종완 기자, 「학령인구 감소…100년 가까운 역사에도 문 닫는 학교」, 〈KBS 뉴스〉, 2023. 4. 25. https://news.kbs.co.kr/news/pc/view/view.do?ncd=7659951

16 James Paul Gee 지음, 이수원·임민정·박수경 옮김(2017), 『담론분석 입문: 이론과 방법』(4판), 아카데미프레스.

17 김병건(2020), 「뉴스 앵커의 발화와 제도적 정체성 -KBS 〈뉴스9〉·JTBC 〈뉴스룸〉·TV조선 〈뉴스9〉를 중심으로-」, 『한말연구』 55, 1~29쪽.

18 제임스 폴 지와 노먼 페어클러프는 언어가 어떤 정체성을 수행하기 위해 사용되는가, 언어를 통해 어떤 정체성이 타인에게 부여되는가 등은 맥락화된 의미, 사회 언어, 형상화된 세계, 상호 텍스트성, 거대 담론, 거대 담화 등 6개의 조사 도구를 통해 알 수 있다고 했다. 특히 이들은 언어학자 할리데이가 주장한 대인 관계적 기능의 핵심인 양태(modality)와 서법(mood)의 선택과 평가가 정체성을 텍스트로 표현하는 과정의 일부임을 강조한 바 있다. 그는 양태와 평가는 모두 무엇이 진리이고 무엇이 필요한지에 관해, 그리고 무엇이 바람직하고 바람

직하지 않은지와 관련하여 화자가 스스로 전념하여 주장하는 내용으로 간주되며, 텍스트에서 스스로 전념하여 주장하는 바가 사람들이 스스로 정체성을 텍스트로 드러내는 일이라고 가정했다(James Paul Gee 지음, 이수원·임민정·박수경 옮김(2017), 『담론분석 입문: 이론과 방법』(4판), 아카데미프레스; 노먼 페어클럽 지음, 김지홍 옮김(2012), 『담화 분석 방법: 사회 조사연구를 위한 텍스트 분석』, 도서출판 경진).

19 이를 바탕으로 김병건은 뉴스 방송사의 정치적 관점이 앵커의 발화를 통해 드러난다고 보고 이를 분석하여 앵커의 정체성을 '전달자', '조력자', '권위자'로 유형화한 바 있다. 특히 '권위자로서의 앵커'는 '믿다/바라다', '걱정하다/놀라다', '당혹스러워 하다/섭섭하다'와 같은 용언을 사용함으로써 드러난다는 점을 밝혔다. 김병건(2020), 앞의 논문.

20 이창배(1976), 『한국가창대계』, 홍인문화사.

21 교육부, 『(교육부 고시 제2022-33호[별책 5]) 국어과 교육과정』, 11쪽.

22 서울대학교 국어교육연구소(2010), 앞의 책, 11쪽 '감상' 항목.

23 서울대학교 국어교육연구소(2010), 위의 책, 459쪽 '시 교육' 항목.

24 [9국05-08] "근거를 바탕으로 작품을 해석하고, 다른 해석들과 비교하여 자신의 해석을 평가한다."

25 Wikimedia Commons ⓒ Deval Kulshrestha. https://commons.wikimedia.org/wiki/File:Statua_Iustitiae.jpg#Licensing

26 우지영, 「정치는 가치의 권위적 배분이다」, 『이투데이』, 2022. 11. 2. https://www.etoday.co.kr/news/view/2188214

27 김봉순(2022) 「뉴스 및 시사 대담에서 다루어지는 추론적 이해의 양상과 독서 교육에의 시사점: 대통령 신년사에 대한 보도와 논평을 중심으로」, 『독서연구』 제62호, 69~70쪽.

28 임상균 특파원, 「日지진 분실금고 5천개 주인찾아」, 『매일경제』, 2011. 8. 18. https://www.mk.co.kr/news/world/4976974

29 권일구 기자, 「서울 강남 아파트 40년간 84배 급등, 전세는 101배」, 『이코노믹리뷰』, 2020. 3. 30. https://www.econovill.com/news/articleView.html?idxno=391285

30 이호준 기자, 「라면 100원→820원, 소주 1병 95원서 1370원...50년간 오른 물가 보니」, 『경향신문』, 2023. 10. 16. https://www.khan.co.kr/economy/economy-

general/article/202310161517001
31 칩 히스, 댄 히스 지음, 김정아 옮김(2022), 『후회 없음』, 부키, 211~230쪽.
32 위키백과의 '과학' 항목. https://ko.wikipedia.org/wiki/%EA%B3%BC%ED%95%99
33 권재술 외(2013), 『과학교육론』, 교육과학사, 107~127쪽(제3장 과학 발달의 원리).
34 위키백과의 '가설 연역 방법' 항목. https://ko.wikipedia.org/wiki/%EA%B0%80%EC%84%A4_%EC%97%B0%EC%97%AD_%EB%B0%A9%EB%B2%95
35 대런 애쓰모글루, 제임스 A. 로빈슨, 장경덕 옮김(2020), 『좁은 회랑』, 시공사.
36 정시영(2023), 「『좁은 회랑(The Narrow Corridor)』을 읽고」, 『KNOU위클리』 제182호, (사)한국방송통신대학교 출판문화원. https://weekly.knou.ac.kr/articles/view.do?artcUn=4106 /

참고 문헌

단행본

권재술 외(2013), 『과학교육론』, 교육과학사.
서울대 국어교육연구소(2009), 『국어교육학사전』, 하우.
한국화법학회 화법용어해설위원회(2014), 『화법 용어 해설』, 박이정.
노먼 페어클럽 지음, 김지홍 옮김(2012), 『담화 분석 방법: 사회 조사연구를 위한 텍스트 분석』, 도서출판 경진.
대런 애쓰모글루, 제임스 A. 로빈슨 지음, 장경덕 옮김(2020), 『좁은 회랑』, 시공사.
저스틴 그레그 지음, 김아림 옮김(2024), 『니체가 일각돌고래라면』, 타인의 사유.
칩 히스, 댄 히스 지음, 김정아 옮김(2022), 『후회 없음』, 부키.
D. Sperber & D. Wilson 지음, 김태옥 외 옮김(1994), 『인지적 화용론: 적합성 이론과 커뮤니케이션』, 한신문화사.
James Paul Gee 지음, 이수원·임민정·박수경 옮김(2017), 『담론분석 입문: 이론과 방법』(4판), 아카데미프레스.
Yan Huang 지음, 이해윤 옮김(2009), 『화용론』, 한국외국어대학교출판부 지식출판원(HUINE).

논문

강효경(2010), 「전제 이해를 위한 문법 교육 내용 연구」, 서울대학교 대학원 석사 학위논문.
김병건(2020), 「뉴스 앵커의 발화와 제도적 정체성 -KBS 〈뉴스9〉·JTBC 〈뉴스

룸〉·TV조선 〈뉴스9〉를 중심으로-」, 『한말연구』 55, 1~29쪽.

김봉순(2022) 「뉴스 및 시사 대담에서 다루어지는 추론적 이해의 양상과 독서 교육에의 시사점: 대통령 신년사에 대한 보도와 논평을 중심으로」, 『독서연구』 제62호, 69~70쪽

김정은(2024), 「문법 요소와 어휘를 통한 '언어 주체의 태도 표현' 교육 방안 연구」, 『한국문법교육학회 학술발표논문집』, 3~24쪽.

김혜정(2012), 「대화에서 격률과 함축, 그리고 그 교육적 의미」, 『텍스트언어학』 33, 293~322쪽.

박성석(2018), 「대화 성찰 태도 향상을 위한 교육 내용 연구」, 서울대학교 박사 학위 논문.

손희연(2024), 「초등 국어과 대화 추론 교육의 내용 연구」, 『청람어문교육』 97, 211~241쪽.

제민경(2024), 「'잘 읽고 쓰는 능력'은 학습자의 발달에 따라 어떻게 달라져야 하는가?」, 『국어교육의 창』 제7호, 한국어교육학회.

조진수(2015), 「'문장 확대' 교육 내용의 다층성 연구」, 『국어교육학연구』 50(3), 267~295쪽.

최훈(2023), 「국어 교과서와 논리학 교과서의 연역 - 귀납 구분은 어떻게 다르고, 어느 것이 옳은가?」, 『국어교육의 창』 2호, 한국어교육학회.

Grice, H. P. (1975), "Logic and Communication", Cole, P. & Morgan, J. L. (ed.), *Syntax and Semantics: Speech Acts*, New York: Academic Press, pp.41-58.

기타

권일구 기자, 「서울 강남 아파트 40년간 84배 급등, 전세는 101배」, 『이코노믹 리뷰』, 2020. 3. 30. https://www.econovill.com/news/articleView.html?idxno=391285

위키백과의 '가설 연역 방법' 항목. https://ko.wikipedia.org/wiki/%EA%B0%80%EC%84%A4_%EC%97%B0%EC%97%AD_%EB%B0%A9%EB%B2%95

위키백과의 '과학' 항목. https://ko.wikipedia.org/wiki/%EA%B3%BC%ED%95%99

우지영, 「정치는 가치의 권위적 배분이다」, 『이투데이』, 2022. 11. 2. https://www.etoday.co.kr/news/view/2188214

이종완 기자, 「학령인구 감소…100년 가까운 역사에도 문 닫는 학교」, 〈KBS 뉴스〉,

2023. 4. 25. https://news.kbs.co.kr/news/pc/view/view.do?ncd=7659951

이호준 기자, 「라면 100원→820원, 소주 1병 95원서 1370원…50년간 오른 물가 보니」, 『경향신문』, 2023. 10. 16. https://www.khan.co.kr/economy/economy-general/article/202310161517001

임효진 기자, 「내 말 찰떡같이 알아듣는 'AI 비서', 꼼꼼한 대화분석으로 만든다」, 『교수신문』, 2024. 6. 11. https://www.kyosu.net/news/articleView.html?idxno=120698

화강윤 기자, 「하버드대 "대법원 결정 따를 것…다만 '다양성' 가치 계속 추구"」, 〈SBS 뉴스〉, 2023. 6. 30. https://news.sbs.co.kr/news/endPage.do?news_id=N1007249127&plink=COPYPASTE&cooper=SBSNEWSEND